U0771869

经世济民

诚信服务

德法兼修

高等职业教育电子商务类专业

数实融合 守正创新
新形态一体化教材

零售基础

○ 主 编 吴洪贵 罗晓东

○ 副主编 刘 红 陈文婕 董宇澄

中国教育出版传媒集团

高等教育出版社·北京

内容提要

本书是高等职业教育电子商务类专业"数实融合 守正创新"新形态一体化教材。

本书通过对零售业基础知识的教学挖掘,使学生对商业规律建立较为全面的认识,更加深刻地理解数字经济与实体经济深度融合的理念和表现形式,透过纷繁的商业模式和商业规则理解商业本质,激发学生热爱商业、投身商业的热情,推动有利于国家经济发展和人民生活幸福的商业创新。

本书按照《职业教育专业简介(2022年修订)》的要求,科学地设计了零售认知、零售市场战略、零售用户思维、零售商品管理、零售供应链管理及零售整合营销六章内容,使学生在学习电子商务类专业知识前就具备零售思维的底层逻辑。

本书既可作为高等职业教育专科、本科院校,以及应用型本科院校电子商务类专业的教材,也可作为相关从业人员的自学参考用书。本书配套建设了微课、动画等类型丰富的数字化教学资源,精选了其中具有典型性、实用性的资源,以二维码形式标注在教材边白处,供读者即扫即用。教师如需获取本书授课用PPT、电子教案、习题答案等配套资源,请登录"高等教育出版社产品信息检索系统"(xuanshu.hep.com.cn)免费下载。

图书在版编目(CIP)数据

零售基础 / 吴洪贵,罗晓东主编 . -- 北京:高等教育出版社,2024.6
ISBN 978-7-04-061950-8

Ⅰ.①零… Ⅱ.①吴… ②罗… Ⅲ.①零售业－商业经营－高等职业教育－教材 Ⅳ.①F713.32

中国国家版本馆CIP数据核字(2024)第053648号

零售基础
LINGSHOU JICHU

| 项目策划 | 赵 洁 | 策划编辑 | 康 蓉 王 沛 | 责任编辑 | 王 沛 | 封面设计 | 赵 阳 |
| 版式设计 | 徐艳妮 | 责任绘图 | 李沛蓉 | 责任校对 | 马鑫蕊 | 责任印制 | 存 怡 |

出版发行	高等教育出版社	咨询电话	400-810-0598
社　　址	北京市西城区德外大街4号	网　　址	http://www.hep.edu.cn
邮政编码	100120		http://www.hep.com.cn
印　　刷	保定市中画美凯印刷有限公司	网上订购	http://www.hepmall.com.cn
开　　本	787 mm×1092 mm　1/16		http://www.hepmall.com
印　　张	12.75		http://www.hepmall.cn
字　　数	220千字	版　　次	2024年6月第1版
插　　页	1	印　　次	2024年6月第1次印刷
购书热线	010-58581118	定　　价	45.00元

本书如有缺页、倒页、脱页等质量问题,请到所购图书销售部门联系调换
版权所有　侵权必究
物 料 号　61950-00

前言

本教材编写团队得到了全国电子商务职业教育教学指导委员会的支持和指导，编写团队成员由国家"双高"校高水平专业群负责人、首批国家级职业教育教师教学创新团队骨干成员，以及行业企业资深从业人员等组成。

本教材编写团队深入学习党的二十大精神和习近平总书记关于教育的重要论述，根据《职业院校教材管理办法》《高等学校课程思政建设指南纲要》文件要求，结合《职业教育专业简介（2022年修订）》要求，在深入分析高职电子商务类六个专业所面向的三大类行业企业和七种岗位要求的基础上，对电子商务类中职、高职、本科相关专业的相关岗位能力要求做了梳理和分析，通过"合并同类项"，找出能够支撑电子商务类专业后续核心课的前导零售知识，根据知识点，有机融入党的二十大精神等思政元素，基于工作过程系统化的方法构建教学内容。本教材延伸了传统零售知识，补充了数字经济背景下电子商务行业的新发展，创新性地整合了商业知识，使学生在学习电子商务专业技能之前，就具备一定的商业思维，从而更好地理解和把握零售业在中国式现代化建设中的发展方向和目标，提升学生数实融合的思维认知和综合素质。本教材具有以下鲜明特色：

1. 以党的二十大精神为引领，落实立德树人根本任务，体现职业教育类型特色

本教材在课程思政融入上，立足"为党育人、为国育才"的职业教育新定位、数实融合经济发展新格局对新的岗位能力要求，尤其是对大国工匠的新需求，以及职业院校从就业导向到服务国家战略的人才培养新定位，通过在章前设置素养目标、知识目标、技能目标三维学习目标，综合体现培养复合型人才的时代新要求。同时，本教材在章首设置"引导案例"栏目，选取与时代贴合紧密、育人特色明显的素材，通过"引思明理"相关分析，融入党的二十大精神，讲解案例启示、引出本章内容；设置"乐研好思"栏目，通过问题和任务引导学生对零售业相关问题展开探索和思考；设置"数实融合新视界"栏目，精选数字经济与实体经济融合发展的案例，紧扣时代特色，突出创新突破；设置"社会担当与企业责任"栏目，体现当代中国零售企业的社会责任和家国情怀，讲好中国故事；设置"调查研究与学思践悟"栏目，响应大兴调查研究之风的号召，通过让学生参与调查研究、思考讨论、实践感悟等活动，提高学生的思辨、分析、解决实际问题的能力。本教材综合体现了党的二十大报告提出的"全面贯彻党的教育方针，落实立德树人根本任务，培养德智体美劳全面发展的社会主义建设者和接班人"的要求。

2. 彰显数实融合，体现行业发展新趋势和数字经济时代特色

党的二十大报告提出："加快发展数字经济，促进数字经济与实体经济深度融合，打造具有国际竞争力的数字产业集群。"数实融合是实现高质量发展的必要路径。《2024年国务院政府工作报告》提出："大力推进现代化产业体系建设，加快发展新质生产力。"新质生产力不断推动零售业数字化转型升级，重塑零售业格局。基于零售业已经成为引导生产和消费的先导性产业的现状，本教材从现阶段以国内大循环为主体、国内国际双循环相互促进的新发展格局系统层面，以深化供给侧结构性改革为目标，把握零售业数字化转型发展的新机遇，创新数实融合的新业态，全面、深刻地阐释了零售业的本质、内涵及在现代化变革中衍生出的新理念、新规律和新理论。

3. 建设类型丰富的数字化教学资源，便于实现多场景应用教学

本教材配套资源遵循"一体化设计、结构化课程、颗粒化资源、多场景应用"的建构逻辑，建设了微课、视频、拓展阅读等类型丰富的数字化教学资源，以适应多样化的学习场景，满足广大院校线上线下混合式教学的需要。

本教材由吴洪贵、罗晓东主编，由南京城市职业学院刘红、安徽国际商务职业学院陈文婕、无锡商业职业技术学院董宇澄担任副主编。参与编写的人员有：江苏经贸职业技术学院吴洪贵、罗晓东、孙玉娣、丁德波，无锡商业职业技术学院董宇澄、张耀方，广西经贸职业技术学院罗宁、陆恒东，南京城市职业学院刘红、张淑静，安徽国际商务职业学院陈文婕。感谢江苏经贸职业技术学院李卫华、冯宪伟，贵州电子商务职业技术学院马钰辰，宁波职业技术学院崔韵玲，苏宁易购刘传德，慢慢来（北京）供应链管理有限公司杨富强等产教融合专家参与本书内容的研讨。感谢励科（南京）数字技术有限公司在数字资源开发中给予的支持，并向高等教育出版社的编辑们致以真诚的感谢。

由于编者水平及时间有限，加之数字经济时代零售业知识技能变化日新月异，疏漏之处在所难免，敬请广大读者批评指正，以使本书日臻完善。

编　者

2024 年 5 月

目 录

第 一 章

零售认知

学习目标

素养目标

- 感受中国零售市场的繁荣发展，树立零售从业人员自信、自豪、自强的信念

- 理解企业价值内涵，增强零售创新者的社会责任感

知识目标

- 了解零售三要素的本质和特征

- 熟悉数字经济时代的零售活动过程

- 了解数字经济与零售业、电子商务之间的关系

- 掌握零售业变革的本质和发展趋势

技能目标

- 能够根据零售三要素变化，分析零售业态，把握零售内涵

- 能够根据零售业的变革历程，分析数字经济时代零售业的商业规律，把握发展趋势

- 能够依据零售业变革的本质，设计全域零售生态布局，创新商业模式

思维导图

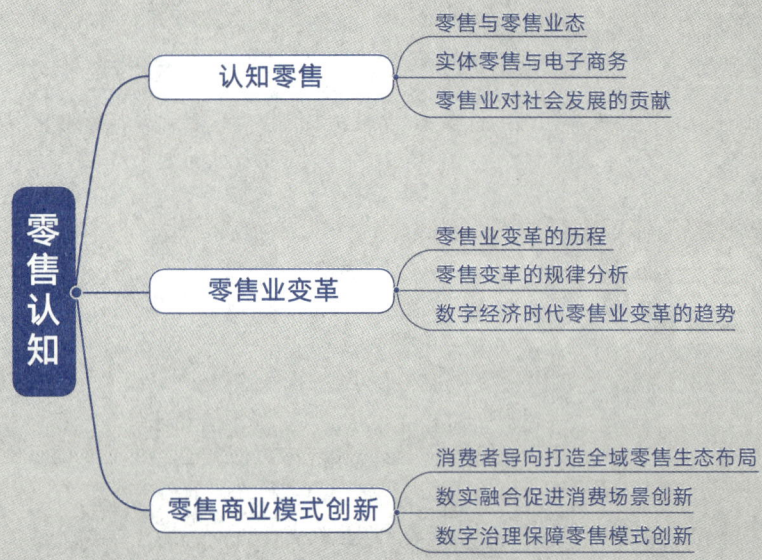

零售认知
- 认知零售
  - 零售与零售业态
  - 实体零售与电子商务
  - 零售业对社会发展的贡献
- 零售业变革
  - 零售业变革的历程
  - 零售变革的规律分析
  - 数字经济时代零售业变革的趋势
- 零售商业模式创新
  - 消费者导向打造全域零售生态布局
  - 数实融合促进消费场景创新
  - 数字治理保障零售模式创新

学习计划

■ 素养提升计划

_____

_____

■ 知识学习计划

_____

_____

■ 技能训练计划

_____

_____

案例导入

美的集团坚持新零售方向升级

美的集团股份有限公司（简称"美的集团"）在我国家电行业一直处于领先地位。截至 2022 年底，在全球 13 个国家分布了 35 个制造基地，其中，海外制造基地有 18 个，已成为一家数字化、智能化驱动的科技集团，拥有数字驱动的全价值链及柔性化智能制造能力和全球化经营水平。

美的集团紧跟党的二十大提出的高质量发展战略，遵循市场规律进行数字化转型升级，建设工业互联网平台的历程成为中国传统零售企业"数实融合"的典型样本，也是中国制造走向中国智造的一个缩影。

在数字化 1.0 阶段，美的集团统一数据标准，定下"一个美的、一个系统、一个标准"的变革战略。2015 年又提出"智能产品、智能制造"的"双智"战略。提升了制造的效率和能力，支持了全球制造和供应链的整体规划和高效协同。

在数字化 2.0 阶段，美的集团全面推行 C2M（Customer to Manufacturer，用户直连制造），从传统的"以产定销"升级为"以销定产"，实现了数字营销、数字企业和柔性制造，提高了交付效率和质量。

在数字化 3.0 阶段，也就是向工业互联网转型的时代，美的集团根据 2018 年国家颁布的《工业互联网创新发展白皮书》，紧紧围绕企业的"研、产、销、供"全价值链，实现生产环节的智能制造以及全流程透明化生产，推动"以销定产"。2020 年，美的集团确定了新的数字化转型战略——全面数字化、全面智能化。

在数字化 4.0 阶段，美的集团紧跟国家打造数字产业集群的发展要求。2022 年 1 月 28 日成立广东美的集团智慧家零售公司。该公司通过传统商贸流通企业、专业市场与平台企业加强合作，利用新技术、新应用创新拓展购物体验的消费场景，顺应居民消费升级趋势，促进消费互联网和工业互联网与线下实体零售企业的融合，并实现"以消促产"。这既是美的集团坚持向新零售方向升级的又一项重大举措，更是将其近 10 年来数字化转型成果形成的数据要素深度融入生产、分配、流通、消费、服务等环节的表现形式，推动了数字经济与实体经济深度融合，为我国经济的高质量发展增添活力。

在 2022 年 5 月 10 日第二个"中国品牌日"，美的集团再次入围国际品牌计划，并登上《人民日报》评选产生的"最受欢迎的中国品牌榜"，进一步落实了国家相关部门发布的《扩大内需战略规划纲要（2022—2035 年）》和《"十四五"扩大内需战略实施方案》。

引思明理

　　"数实融合"形成中国特色品牌文化，通过对消费驱动的"产、供、消"价值链重塑达成"人、货、场"的重构匹配，从而实现需求侧的管理、供给侧结构性改革和流通体系现代化，是零售企业数字化转型和零售商业模式创新的大趋势。

　　（1）把握零售"人、货、场"三要素在市场发展阶段中的逻辑关系开展变革是消费品制造企业和零售企业战略成功实施的基本点。美的集团推进的"产品领先、效率驱动、全球经营"战略是供给侧结构性改革的成功实践。其关键在于把握零售市场主导权从产品到用户的转移契机，从"以产定销"到"以销定产"到"以消促产"转型，通过数据与商业逻辑的深度结合，真正实现消费方式逆向牵引生产变革。只有这样，传统零售业才能通过优化资产配置，孵化新型零售物种，重塑价值链，创造高效企业，引领消费升级，催生新型服务模式，并形成零售新业态。

　　（2）数字经济是继农业经济、工业经济之后的一种新的经济社会发展形态，已成为企业转型升级的重要驱动力，也是全球新一轮产业竞争的制高点。美的集团全面数字化和智能化升级，实现了从客户、物流到支付等环节的全链条数字化，帮助品牌围绕消费者需求进行产品策划和研发，实现柔性化产品设计和生产。其工业互联网和消费互联网的融合发展，顺应了数字经济时代的趋势，实现了降本增效的目的。消费互联网与工业互联网融合，打通了需求端、消费端和生产端的数据流通，满足了消费者购买行为的个性化，促进了消费转型升级，实现了高效的基于数据的互联网自组织协同治理，是未来零售业创新的重点方向。

　　（3）勇于担当社会责任，立足国内政策环境和用户的消费需求，打造企业品牌，形成中国特色的品牌文化，是未来零售企业数字化变革和零售商业模式创新的大趋势。美的集团让消费者数据驱动企业的经营生产，践行"以人为本"的价值理念，以变革创新的勇气和科技领先的底气，向全世界传播中国品牌的声音，敏捷的数字化、智能化供应链优化引领品牌不断升级，提高了消费者的生活体验，展示出满足、尊重、超越消费者需求，注重社会责任的优秀中国企业的价值取向。

第一节　认知零售

零售是指直接将商品或服务销售给个人消费者或最终消费者的商业活动。在中国式现代化经济体系中，零售业已经成为引导生产和引导消费的先导性产业。国民经济是否协调发展，社会与经济结构是否合理，首先会在流通领域，特别是消费品市场上体现出来。作为商品和服务从流通领域进入消费领域的最后环节，零售业成为消费拉动经济增长的着力点和吸纳就业的蓄水池。零售业的稳定健康发展，直接关系着人们生活水平的提升和生活方式的转变。

党的二十大报告指出"以中国式现代化全面推进中华民族伟大复兴""加快发展数字经济，促进数字经济和实体经济深度融合，打造具有国际竞争力的数字产业集群""加快构建以国内大循环为主体、国内国际双循环相互促进的新发展格局"。未来零售经济增长的巨大潜力和崭新动能在于数字化，如何在数字技术赋能不断加强的背景下，把握零售商业数字转型发展的机遇，创新数实融合的新业态，需要从新发展格局系统层面，全面深刻理解零售的商业本质、内涵及在中国式现代化变革中衍生出的新理念、新规律和新模式。了解零售的发展趋势，还需要从商业与商业模式讲起。

一、零售与零售业态

（一）商业与零售

商业是商品经济发展到一定阶段的产物，它既是通过买卖方式组织商品交换来获取盈利的经济活动，也指组织商品流通的国民经济部门。商业有广义和狭义之分，广义的商业是指所有以营利为目的的事业；狭义的商业是指专门从事商品交换活动的营利性事业。本书中的商业是指狭义的商业。

动画：零售
与零售业态

依据我国国民经济行业分类标准的定义：零售是指百货商店、超级市场、专门零售商店、品牌专卖店、售货摊等主要面向最终消费者（如居民等）的销售活动，既包括以互联网、邮政、电话、售货机等方式进行的销售活动，也包括在同一地点在后台加工生产、前台销售的店铺（如面包房）。谷物、种子、饲料、牲畜、矿产品、生产用原料、化工原料、农用化工产品、机械设备（乘用车、计算机及通信设备除外）等生产资料的销售不作为零售活动；多数零售企业对其销售的货物拥有所有权，但有些零售企业则是充当委托人的代理人，进行委托销售或以收取佣金的方式进行销售。

零售是商业的一种类型，具备商业的本质特征与基本职能。零售的含义是指商品经营者或生产者把商品（或服务）出售给个人消费者或社会团体消费者的交易活动。在整个商品流通供应链中，零售是最后一个环节，其上游是为商品提供增值价值的利益相关者，下游是终端消费者。因此，不管技术与商业模式历经多少次变革，零售都离不开"人、货、场"这三个基本要素。"人"是面向的消费群体（用户）；"货"是提供的商品或服务；"场"是承载交易行为和交易结构的场所或形式。

乐研好思

数字经济时代的新零售

2016 年，业界首次提出了"新零售"的概念，用"线上线下 + 物流"的方式来卖货；后来又有企业提出了"无界零售"的概念，倡导让消费者在任何地方都能随时购物。

2017 年 3 月，阿里研究院给出了新零售的定义，即以消费者体验为中心的数据驱动的泛零售形态。零售的本质是无时无刻为消费者提供超出期望的"内容"。按照这个语义，零售是把最终付款的"人"（消费者）和"货"（商品或服务）连接在一起的"场"（场景）。这个"场"的概念很广泛，既可能是场景，也可能是物理位置，还可能是业务员与陌生客户建立联系的一种行为模式。"场"的本质是信息流、资金流、物流的万千组合。

目前，业界广泛接受的新零售概念是：运用互联网、物联网技术，感知消费者习惯，预测消费趋势，引导生产制造，为消费者提供多样化、个性化的产品和服务。新零售强调数字化转型、线上线下整合、数据驱动的个性化、供应链创新和跨界合作等关键要素。

请各位同学根据以上观点，结合身边的零售常识思考：数字经济时代新零售的本质是什么？

（二）零售活动的特征

零售活动具有以下三个典型特征：

1. 零售链接的终端消费者需求纷繁复杂

消费需求是零售行业发展的动力，一切零售活动的起点是为消费者服务。数字经济时代的个人消费者或社会团体消费者呈现出年轻化的趋势，其对商品的需求更加个性化、多元化、品牌化，满足这些需求变化的创新能力成为零售企业应对激烈竞争的关键能力。

2. 零售企业出售的商品用于消费

零售企业出售的商品用于为消费者提供生活资料和服务，不包含生产资料。数字经济时代的商品和服务既可以是有形或无形的，也可以是实体或虚拟的。优质的商品和服务直接影响到消费者的生活质量和生活方式。

3. 零售活动的场景丰富多样

数字技术的发展为零售活动丰富的消费场景打造奠定了基础，无论实体店铺、大型商超，还是网络营销、自动售货机等，都没有改变零售是等价交换的经济活动的实质。在与人们息息相关的消费场景创新中，需不断挖掘企业经济利润和社会价值的增长点。

（三）零售业的分类

常用的零售业分类方法主要有以下三种：

1. 业种分类法

业种分类法，即按"卖什么"来分。按照中华人民共和国国家标准《国民经济行业分类》（GB/T 4754—2017）零售业分类如表 1-1 所示。

表 1-1　零售业分类表

代码	类别	内容
521	综合零售	5211 百货零售：指经营的商品品种较齐全，经营规模较大的综合零售活动 5212 超级市场零售：指经营生鲜、食品、日用品等大众化实用品的超级市场的综合零售活动 5213 便利店零售：指以满足顾客便利性需求为主要目的，小型超市形式的零售活动 5219 其他综合零售：指日用杂品综合零售活动；在街道、社区、乡镇、农村、工矿区、校区、交通要道口等人口稠密地区开办的小型综合零售店的活动；农村供销社的零售活动；不包括便利店零售
522	食品、饮料及烟草制品专门零售	5221 粮油零售 5222 糕点、面包零售 5223 果品、蔬菜零售 5224 肉、禽、蛋、奶及水产品零售 5225 营养和保健品零售 5226 酒、饮料及茶叶零售：指专门经营酒、茶叶及各种饮料的店铺零售活动 5227 烟草制品零售 5229 其他食品零售：指上述未列明的店铺食品零售活动

代码	类别	内容
523	纺织、服装及日用品专门零售	5231 纺织品及针织品零售 5232 服装零售 5233 鞋帽零售 5234 化妆品及卫生用品零售 5235 厨具卫具及日用杂品零售：指专门经营炊具、厨具、餐具、日用陶瓷、日用玻璃器皿、塑料器皿、清洁用具和用品的店铺零售活动，以及各种材质的其他日用杂品的零售活动 5236 钟表、眼镜零售 5237 箱包零售 5238 自行车等代步设备零售，包括自行车、助动自行车（包括电力助动自行车和燃油助动自行车），以及平衡车、老年代步车、三轮车等汽车、摩托车以外的代步车及零配件零售 5239 其他日用品零售：指专门经营小饰物、礼品花卉及其他未列明日用品的店铺零售活动
524	文化、体育用品及器材专门零售	5241 文具用品零售 5242 体育用品及器材零售 5243 图书、报刊零售 5244 音像制品、电子和数字出版物零售 5245 珠宝首饰零售 5246 工艺美术品及收藏品零售：指专门经营具有收藏价值和艺术价值的工艺品、艺术品、古玩、字画、邮品等店铺零售活动 5247 乐器零售 5248 照相器材零售 5249 其他文化用品零售：指专门经营游艺用品及其他未列明文化用品的店铺零售活动
525	医药及医疗器材专门零售	5251 西药零售：指人用化学药品和生物药品的零售活动 5252 中药零售：指人用中成药、中药材、中药饮片的零售活动 5253 动物用药品零售：指畜牧业、渔业及禽类等动物用药品的零售 5254 医疗用品及器材零售 5255 保健辅助治疗器材零售
526	汽车、摩托车、零配件和其他动力销售	5261 汽车新车零售 5262 汽车旧车零售 5263 汽车零配件零售 5264 摩托车及零配件零售 5265 机动车燃油零售：指专门经营机动车燃油及相关产品（润滑油）的店铺零售活动 5266 机动车燃气零售

代码	类别	内容
527	家用电器及电子产品专门零售	5271 家用视听设备零售：指专门经营电视、音响设备、摄录像设备等店铺零售活动 5272 日用家电零售：指专门经营冰箱、洗衣机、空调、吸尘器及其他家用电器设备的店铺零售活动 5273 计算机、软件及辅助设备零售 5274 通信设备零售不包括专业通信设备的销售 5279 其他电子产品零售
528	五金、家具及室内装饰材料专门零售	5281 五金零售 5282 灯具零售 5283 家具零售 5284 涂料零售 5285 卫生洁具零售 5286 木质装饰材料零售：指专门经营木质地板、门、窗等的店铺零售活动，不包括板材销售活动 5287 陶瓷、石材装饰材料零售：指专门经营陶瓷、石材制地板砖、壁砖等店铺零售活动 5289 其他室内装饰材料零售
529	货摊、无店铺及其他零售	5291 流动货摊零售 5292 互联网零售：指零售商通过电子商务平台开展销售的活动，不包括仅提供网络支付的活动，以及仅建立或提供网络交易平台和接入的活动 5293 邮购及电视、电话零售：指通过寄递及电视、电话等方式进行销售，并送货上门的零售活动 5294 自动售货机零售 5295 旧货零售 5296 生活用燃料零售：指从事生活用煤、煤油、酒精、薪柴、木炭，以及罐装液化石油气等专门零售活动 5297 宠物食品用品零售 5299 其他未列明零售业

2. 业态分类法

业态分类法是将零售业按营销形态（即"怎么卖"）来分类。根据中华人民共和国国家标准《零售业态分类》（GB/T 18106—2021）的定义，零售业态（retail formats）是指为满足不同的消费需求，商品零售经营者对相应要素进行组合而形成的不同经营形态。因零售活动直接面对最终消费者出售生活消费品和相关服务，基于"人、货、场"三要素构建的交换价值链上影响因素纷繁复杂。根据经营活动中的不同要素，如选址、规模、店铺设施、商品策略和价格策略、销售技术手段，以及提供附加服务等的不同组合，可以创新出不同的零售业态，这些业态又可以表现出不同的组织形态，形成新商业生态。如阿里的盒马鲜生、京东的七鲜就是典型的零售新业态。从这个意义上讲，零售业态是零售业长期演化和革命性变革的结果，可以无限增多。因此，商业界对零售业的分类更多使用了业态分类方法。从1998年起至今，我国政府统计系统中的贸易统计年报开始增设零售业态统计。

3. 销售渠道分类法

零售业按销售渠道分为有店铺零售和无店铺零售。其中，有店铺零售可分为综合零售和专门零售。随着线上线下的融合发展，销售渠道分类法已逐渐被业态分类法代替。

数实融合新视界

零售新业态带热"夜经济"

夜幕降临，华灯初上，全国各地特色小吃、游乐项目吸引市民游客纷至沓来。在北京，亮马河游船旅游开启首航，色彩斑斓的光影秀引来游人泛舟；在湖北武汉，楚河汉街的小吃摊位前排起了长队；在重庆，长江与嘉陵江交汇而成的渝中半岛灯火璀璨，游人如织。从传统的吃、购，到夜游、夜娱、夜宿，夜间消费的新业态、新场景、新产品不断涌现。美团数据显示，2023年3月份以来，平台夜间到店餐饮订单量同比增长66%，休闲娱乐订单量同比增长89%，体验式消费等新鲜业态持续走热。在即时零售、社区电商等新业态的推动下，线上夜间消费同样火热，超市外卖订单量同比增长48%，商场外卖订单量同比增长51%。

一方面，因为各地着力推动"夜经济"的发展，内需市场加快复苏；另一方面，因为即时零售、社区电商等多种新业态融合发展，使得本地消费基础设施更齐全、供给质量更高，更好地满足了消费者夜间延时消费需求。数据显示，65.7%的消费者会通过线上渠道进行夜间消费，包括线上点外卖，以及看剧等夜间线上文娱活动。线上新业态和居民夜间消费需求相互成就，给商家带来了生意新增量。"外卖下单、半小时送达"的即时零售等新业态，满足了日益增长的夜间消费需求，也让许多小店乘上了"夜经济"的"东风"。

数据显示，现阶段夜间消费开始从传统的夜市、地摊向商圈发展，消费内容也由生活用品向文体消费发展。从消费渠道来看，线上购物已成为"夜经济"的重要组成部分。商务部调查显示，城市60%的消费行为发生在夜间，大型商场每天

18:00—22:00 的销售额占比超过全天销售额的 50%。

值得关注的是，虽然"夜经济"增速较快，但目前仍处在发展初期，还面临一些短板和弱项。相关城市管理部门应安排专门的机构或专业人员管理，推动其有序发展；深入挖掘地方独特文化元素，不断创新产品供给，丰富经营业态和文化内涵，构建具有本地特色的"夜经济"形态，更好地满足个性化、多层次、品质化的消费需求。同时，鼓励即时零售、社区电商等平台企业参与，以平台企业优势提升"夜经济"经营效率，促进多种业态融合发展，不断提升本地消费供给的种类和质量。

（四）零售三要素分析

线上数据优势与线下服务优势结合

零售三要素指"人、货、场"，缺一不可，是一切零售活动的起点，是为消费者服务。解决这个问题的本质是分析"人、货、场"的关系及效率。线上线下零售活动都是围绕"人、货、场"三者之间的逻辑关系变化而展开的。不同的历史时代和市场背景下，"人、货、场"三者之间的逻辑关系截然不同，零售活动也呈现出三种不同的时代特色。

1. 以"货"为核心要素的零售时代

早期的零售是从集市开始的。人们每次赶集，集市都很热闹，而且集市不是天天都有。随着社会的进步，零售业态分化出了百货商场、农贸市场、供销社形式的"场"。在产品相对稀缺的时代，消费者的选择不多，更注重产品的实用性和功能性，所以早期百货商店的零售活动中"人、货、场"三要素是以"货"为核心，围绕"场"进行布局，"人"到"场"去买"货"。企业生产什么，消费者就购买什么。产品销售的竞争力主要是产品成本与价值，零售企业的"场"只要货品全、货品好、价格优惠，便可不愁销售。例如，我国 20 世纪 60 年代的国营商店和供销社就承担着全国人民消费的重任。数据显示，1978 年的供销社卖出了中国 35.5% 的零售商品，接近 70% 的农村零售品都是通过供销社卖出去的，在供需矛盾比较突出的时代，供销社为全国人民的衣食住行供给奠定了基础。

2. 以"场"为核心要素的零售时代

随着时代发展，我国的 GDP 和人均可支配收入不断提升，各类企业蓬勃发展，再加上进出口贸易不断增加，社会上的物资供应不断变多，产品同质化现象严重，消费者可选择的空间不断扩展，零售企业需要思考如何提供更加便捷、优质服务的"场"去吸引客户前来购买。产品方把"货"放到线下的"场"里，利用"场"的流量去触达"人"。连锁超市和私人小卖部开始出现在家门口。而过去供销社主要的"小店"，因供应点职能简单、服务意识淡薄、流通环节过多、损耗严重而逐渐退出了大部分产品的供应序列。随着各类超市、卖场专卖店开始与百货商场竞争，购物中心全面升级到了超级购物中心时代，在超级购物场所，消费者可以进行一站式购物，可以进行"吃、穿、娱"一体化消费，"场"的概念得到进一步强化。电子商务的兴起，在改变人们生产和生活方式的同时，也改变了市场环境。如阿里巴巴、京东等线上平台以突破时间和空间提供商品及服务的形式颠覆了传统零售"场"的内涵，为世界贸易格局和经济增长方式带来了巨大变革。越来越多的传统零售商开始发展电子商务，尤其是采用自营加开放第三方电子商务平台的商业模式发展 B2C 电商。流量越大，议价能力就越强，这便是"渠道为王"的体现。

3. 以"人"为核心要素的零售时代

在数字经济时代，大数据、云计算、AI 带来无处不在的消费场景，智能终端可以高效地为人们提供衣、食、住、行所需的信息，并满足支付、物流、社交等需求。顾客洞察——身份识别、位置识别、个性化服务，构成了零售关键驱动要素。基于数字营销社交的核心价值就是能够提供满足每个消费者个性化需求的商品和服务，引发消费者内心强烈的共鸣，从而提升消费者体验和消费贡献值。

数字经济时代是精准商业时代。精准定位的零售业需要顶层设计，围绕着消费者的需求重构一整套零售体系，如商品规划、服务、体验、物流、支付、信息系统和团队，各种职能必须高度协同去服务于消费者，需要主动参与更加前端的服务消费者的工作。其核心是通过全新的技术手段去实现商品（货）、交付方式（场）、用户体验（人）的改造，更高效、更友好地完成消费流程。在此背景下，供应链成为"供应链＋营销＋大数据"的集合体，商品选择、销售预测、动态定价、自动补货、采购计划等职能，涉及日常运营的工作都可以由一个整合的职能来统一操作，这就要求供应链职能要强化集体意识，形成联合协同运营的思维方式。

综上所述，零售三要素经历了从以"货"为中心到以"场"为中心，再到以"人"为中心三个阶段的升级，以消费者为中心成为整个商业生态的核心，而不简单只是某一个线上与线下物流的融合。以消费者为中心体现在生产环节的"逆向"上，通过数字化应用理解消费者行为，围绕"人"的价值和体验升级改造零售业各个环节的生产要素，使用数字技术重塑"人、货、场"，通过优化产业链的效率去提高消费者的购买体验，它以消费者的需求为起点，倒推回生产。未来的零售企业、品牌商只有同时把握好这三方面的逻辑关系，才能有序高效地创新业态，做好经营。

二、实体零售与电子商务

从零售三要素关系转变的分析可以看出，实体零售与电子商务是商品经济发展到不同阶段的产物，其本质都是商业的销售业态，其目的都是为消费者服务。无论找货方式或支付方式等技术怎么变革，其核心都离不开"人、货、场"三要素。但在电子商务初现的一段时期，电子商务和实体零售作为商业的两种业态平行共存，随着网络购物成为一种重要的消费方式，网络零售额在世界范围内高速增长，占据了零售市场的主导地位，实体零售则受到一定程度的冲击。

（一）实体零售和电子商务的不同

产业和技术发展促进了零售"人、货、场"要素内涵的转变。在平行共存阶段，两者各有不同的优势和劣势，主要体现在以下四个方面：

1. 信息流、物流、资金流的整合优势不同

电子商务的优势是信息流和资金流，实体零售的优势是物流。零售传递交换的是价值，是信息流、物流、资金流三者的综合体。电子商务将实体零售从线下转移到了线上，利用互联网开放透明、信息整合的特点简化了流通环节，突破了时间和空间的限制，解决了消费端信息沟通和支付及时性的问题。实体零售店铺受空间限制仅能容纳有限货架，只能销售有限品类和品种。顾客来店购物，受物理距离和交通限制，每个店覆盖半径有限，一般在营业时间方面也存在限制，但是实体零售有近距离物流配送的优势。

2. 消费者体验不同

电子商务以流量为王，消费者的线下体验不如实体零售。电子商务的交易场景主要是企业入驻的各大电商平台或企业的电子商务网站，能够发挥网络工具提升口碑营销传播的速度和广度的优势，提升服务和交易效率，但以图片和文字为主的线上交流服务提供的体验感不及实体零售。实体店铺展示实物商品，可以通过营造购物场景等方式提高消费者体验，具备商品立即可得性、店员近距离提供个性化服务等优势。

3. 数据化程度不同

电子商务侧重于"货找人"，实体零售侧重于"人找货"。电子商务利用网络信息丰富的特征，为消费者提供多种购物决策支持，电子商务数据采集和分析是一个显著优势。电商企业既可以从消费者的消费行为中获取消费者的消费习惯和偏好，也可以从消费者的浏览行为、点击行为中洞察和挖掘消费者需求，有针对性地向消费者推荐他们可能会感兴趣的商品，实现"货找人"的模式。实体零售则是一个"人找货"的销售模式。实体店铺按照顾客逛店的购物习惯摆放商品，将售货量大、品牌知名度高的商品以及促销商品摆放在显眼的位置和顾客容易拿到的货架上。为了增加顾客购买的机会，实体店铺往往把顾客来店购买的必需品（比如生鲜品）放在门店最深的地方，通过动线设计，让顾客在寻找商品的途中看到其他商品并产生冲动性购买。但是商家无法记录下来每个消费者的消费习惯、消费偏好，要靠消费者自己去找感兴趣的商品。

4. 成本结构不同

电子商务成本是物流和营销成本，实体零售成本是租金和人工成本，实体零售店铺付租金的本质是为了买流量，线下流量是以地段、位置为载体而密集存在的。电子商务以流量为王，可以通过分析高度分散的海量顾客信息实现精准营销，在享有流量红利的一段时间内，以低成本的优势冲击实体零售。

（二）电子商务与实体零售的整合

在电子商务红利期，电子商务严重冲击了实体经济，同时催生了实体零售业的变革，对实体零售业的发展和空间布局影响越来越大。随着电子商务流量红利的消失，电商企业也因平台、物流成本的增加和消费体验不如实体零售企业而增速放缓。尤其是随着以"95后"为代表的"Z世代"成为消费主力军后新零售阶段的来临，电子商务和实体零售正从原来线上和线下相对独立、相互冲突逐渐转化为互相促进、彼此融合。2016年，阿里云栖大会中第一次提出"未来的十年、二十年，没有电子商务这一说，只有新零售。"新零售的表层是销售模式、购物模式与用户体验的改善，中层是零售企业的数字化、在线化、跨界化经营，但归根到底是"底层"，即对供应链的整合，主要包括横向整合与纵向整合两方面。

1. 横向整合

横向整合主要是指通过兼并、联合、整改等方式，对现有零售企业的整合。在横向整合中，有以下三个趋势：

一是规模化经营的企业被规模更大的企业兼并。例如，互联网企业收购、入股实体零售企业，苏宁、物美等以实体店铺为主导发展起来的大型商业集团也实施了一系列收购兼并项目。这种兼并能快速提高零售企业的组织化程度，但也存在垄断风险，所以必须合规操作，否则必将受到处罚。

二是传统的杂货店通过整合转型为大型连锁集团的一个有机组成部分。例如，京东利用强大的供货与物流能力整合传统杂货店。

三是电商企业与实体零售企业加强合作，发展同城零售。如2020年12月，京东与湖南步步高集团共同出资成立合资公司，开拓"京东七鲜"在湖南市场的业务。

2. 纵向整合

纵向整合主要是指零售企业向上游生产制造行业渗透，如通过网络协同建立生产基地、供应基地、委托代工基地等。零售企业要承担更多的经营责任与经营风险，才能向消费者提供更好、更有价值的商品。供应链与经营发展规模要保持动态平衡，不仅是为了把控优质的商品资源，更是为了改变"以产定销"或"以销定产"的传统模式，实现用户直连制造（C2M）的新模式。

三、零售业对社会发展的贡献

零售业高效连接生产与消费，对社会发展的贡献主要体现在以下方面：

1. 对国民经济总产值的贡献

投资、出口、消费是促进国民经济增长的"三驾马车"。其中，出口、消费都与零售业有着直接关系。作为连接生产和消费的桥梁，零售业具有促进消费的核心作用，对整个国民经济的加速运行发挥着重要作用。

2. 对稳定就业的贡献

商业的一个基本特征就是对劳动力有较强的吸附能力，一个国家就业水平的高低很大程度上取决于该国的商业发展水平。零售业对社会和经济发展的突出贡献就是安置就业。

3. 对稳定市场的贡献

零售业供给侧结构性改革不但有利于本行业的发展，而且对促进消费、调整产品结构和数量都有直接推动作用。零供关系创新升级会促进国民经济供给能力的提高，直接影响市场的稳定健康发展。

4. 对财政收入的贡献

零售业对财政收入贡献，可用商业税收总额及其占全部财政收入的比例来衡量。

5. 对城市功能的贡献

零售业属于"城市服务产业"，良好的商业设施能够提升城市的服务功能和城市形象。

6. 对国民福利的贡献

零售业在提高居民收入、提供消费者闲暇服务、满足消费者爱好等方面与国民福利具有直接相关性。

社会担当与企业责任

数字零售企业积极 履行社会责任

中国数字零售企业在创造商业价值的同时，通过帮助贫困地区、推动公益事业、环保倡议和参与社区建设等方式，积极履行社会责任。

阿里推出的"公益扶贫"计划，旨在帮助贫困地区的农民和农产品实现线上销售。阿里还积极参与环保倡议，推广绿色包装和循环利用。此外，阿里推出的"阿里公益"平台，鼓励员工和用户参与公益活动。

"腾讯公益"项目支持教育、环保、扶贫等多个领域的公益事业，并积极参与社区建设。腾讯还通过技术创新，为残障人士提供便利，推动了数字无障碍环境的建设。"腾讯乡村振兴计划"通过数字技术和创新支持农村地区的可持续发展。

"京东公益"平台开展慈善和社会责任活动。"绿色包装倡议"鼓励供应商和消费者使用环保包装材料。"京东扶贫"计划通过销售农产品和支持农村合作社，帮助农村地区的贫困人口增加收入。

"拼公益"计划通过与农民合作，积极推动农产品线上销售，并提供扶贫产品和援助。此外，通过提供农业技术和培训，帮助农民提高收入和生活品质。

零售企业通过整体的努力来为消费者提供美好的商品和服务体验。未来的零售业将是混合型经济体，各项业务相互支撑。零售企业只有积极承担法律责任、经济责任、社会责任与公益责任，把握好平衡点，才能实现共赢发展。

第二节 零售业变革

零售业变革是指零售业在发展过程中所产生的历史性变化而引起的全行业制度和经营形式的创新。零售业变革的本质是发现问题、解决矛盾，达成零售业"人、货、场"要素间的重新匹配与适应。

党的二十大报告指出："我们要坚持以推动高质量发展为主题，把实施扩大内需战略同深化供给侧结构性改革有机结合起来"，零售业变革有利于促进各产业的有序链接和高效畅通，是供给侧结构性改革和满足人民日益增长的物质文化需要至关重要的一个部分。

一、零售业变革的历程

零售业变革一般满足三个特征：一是革新性，产生全新的零售经营方式、组织形式和管理方法并取得支配地位；二是冲击性，新的零售组织和经营方式影响着消费者购物方式的变化和厂商关系的调整；三是广延性，变革出现后会扩展影响到较大范围，延续较长的时间。根据这三个特征，截至目前流通历史上发生了五次零售业变革。

微课：零售业变革的历程

（一）第一次零售业变革：百货商店的诞生

零售业的第一次重大变革是以具有现代意义的百货商店的诞生为标志的。1852年第一家百货商店出现，打破了前店后厂的小作坊运作模式，标志着现代零售业萌芽的出现，称为"现代商业的第一次革命"，实现了店厂分工，品牌聚集，品类分化。此次零售业革命主要体现在品牌操作专业化分工上。百货商店作为品牌一站式消费体验中心，生产端支持大批量生产降低了商品价格，消费端为顾客购物提供方便，具体体现在：①实行顾客自由进出商店，增加了消费者流量；②实行定价制度，明码标价提高了交易的透明度；③经营的商品门类齐全，品种繁多，且讲究商品陈列；④实行柜台销售，店员为消费者提供各种优质服务；⑤实行退货制度，保障消费者权益；⑥实行"薄利多销"原则，加速商品周转；⑦组织管理上实行商品部制度，实施一体化管理，有助于提高效率。

百货商店作为典型的零售业态，一直延续至今。百货商店的发展结束了"作坊"店铺的时代，使其成为当时零售业的主要表现形态和城市的中心。百货商店是城市发展的产物，同时促进了城市的形成和发展，推动了工业革命的发展，适应了工业革命流水线作业的要求。

（二）第二次零售业变革：连锁商店的兴起

随着现代大工业的发展，大批量的生产要求大批量的流通，社会急需一种新的零售经营组织形式，实现店铺经营组织化和规模化。单一的百货商店已经无法满足要求，而采取同一形态、相同原则经营多家店铺的连锁店正好适应这种变化。1859年，世界上第一家直营连锁门店成立，1910年连锁经营在零售领域得到广泛应用，其实质是将社会化大生产的基本原理应用于流通领域，达到提高、协调运作能力和规模化经营效益的目的。连锁经营的基本特征一是简单化，简化流程提升速度；二是专业化，工作趋向细分和专业，强调商品差异化；三是标准化，制定连锁经营产业化必须遵循的标准。

连锁商店是与大工业规模化的生产要求相适应的零售经营组织变革。一方面，连锁经营通过建立统一化管理和规模化运作体系，提高了门店运营的效率，降低了成本；另一方面，连锁商店分布广泛，选址贴近居民社区，提升了消费者购物的便捷性。连锁商店作为现代大工业发展的产物，大大推进了零售业的现代化进程，在流通史上具有划时代的意义。

（三）第三次零售业变革：超级市场的诞生

20世纪30年代，在世界经济大萧条背景下，消费者不断缩减开支，同时生活节奏加快，激发了消费者一周一次的购物行为。1930年8月，第一家食品超市诞生，并确定了低费用、低毛利、低价格的政策，采用开架自选售货方式，节省了顾客的购物时间，降低了用工成本，与当时的消费需求匹配，从而得到迅速发展。以沃尔玛等为代表的大规模超级市场的出现，实现了顾客一站式购物，标志着现代零售业可以流程化、标准化、专业化管理。"超市"的概念走进千家万户。超市吸取了百货商店和连锁经营的优势，采取大量进货、批量销售的方式降低商品价格，对消费者具有较大吸引力，其特征是：

1. 开架售货方式流行

超市采用自选购物方式，不仅节省了顾客的购物时间，更重要的是导致了零售业态的多样化发展。后来出现的折扣商店、仓储商店、便利店等都采取了开架自选或完全的自我服务方式。

2. "一站式消费体验"的购物环境普及

超市为顾客购物便捷营造了整齐、干净的舒适环境。超大规模购物中心以其购物、餐饮、休闲、娱乐、旅游等综合性经营模式与完善的环境配套设施集成，取代了原先杂乱单一的零售业态，使顾客能享受到自助自如的购物乐趣。

3. 促进了商品包装的变革

开架自选促使厂商进行全新的商品包装设计，展开包装、标识等方面的竞争，出现了大中小包装齐全、装潢美观、标识突出的众多品牌，这也使超市显得更整齐、更美观。

超市是在百货商店经营模式上创新经营方法产生的零售业态，自出现后发展势头压倒百货商店。从20世纪50年代开始，超市开始向多元化方向发展。便利店、专业店、仓储式商店和折扣店等零售新业态的出现满足了不同消费人群的需求。

（四）第四次零售业变革：网络零售的兴起

20世纪90年代中期，以亚马逊、阿里巴巴、京东为代表的电子商务飞速发展，席卷全球，改变了人们以往的购物习惯和体验。在零售领域，电子商务的发展从网络零售开始。网络零售是指买卖双方基于互联网进行的商品交易活动，让消费者足不出户就可以享受更优质、更廉价的服务。此阶段的显著特征是：

（1）突破了零售市场的时空界限。电子商务实现了无店铺零售，改变了传统零售企业通过开设店铺来组织销售的方式，改变了实体零售企业高度依赖地段和人流量的制约，在很大程度上突破了物理空间的限制；商品的选择范围急剧扩大，长尾商品获得发展，消费者开始拥有海量的购物选择。

（2）改变了传统销售方式。网络零售是新的交易工具和新的交易方式的形成过程。消费者可以通过互联网实现远程交易。网络商店成为全球零售商业的主流模式，这种模式颠覆了传统多级分销体系，降低了营销成本，使商品价格进一步降低，使传统零售业的流通渠道产生了颠覆式变革。

（3）引发零售企业内部组织重组。随着网上商店的发展，无论是企业内部还是企业外部，网络技术不断代替传统零售企业原有的一部分渠道和信息源，并对零售商的企业组织造成重大影响。典型的有零售企业组织的层次减少、零售企业管理的幅度增大、零售门店的数量减少。

（4）经营费用大大下降，零售企业的利润进一步降低。网络零售扁平化的渠道使商品的流通渠道成本大大降低，实现了真正意义上的商品自由流通。但是，网络零售发展到一定规模后，商家之间竞争也越发激烈，在长期的价格战、流量竞争后，电商企业的利润变得稀薄。电商网络零售和实体零售同时面临增速压力，急需寻找新的商业入口。

（五）第五次零售业变革：智慧零售的崛起

智慧零售作为第五次零售革命的产物，是人工智能技术在零售业中的广泛应用。它不是简单的技术升级，更是一场对全行业、全流程、全生态的智慧化改造。

智慧零售的产生，有其深刻的社会背景。科技的快速发展，尤其是大数据、云计算、物联网和 AI 等技术的日益成熟，为智慧零售提供了强大的技术支撑。同时，消费者的需求也在不断升级，他们更加注重个性化、便捷性和体验感，促使零售业进行深度变革。智慧零售的特征主要体现在以下几个方面：

（1）数据驱动。通过对消费者行为、销售数据、库存情况等数据的实时收集与分析，实现精准的商品定位、营销策略和库存管理。这不仅简化了消费者对商品和市场的认知，还为企业提供了决策依据。

（2）智能交互。借助 AI 等新技术，智慧零售能够为消费者提供个性化推荐和服务。例如，智能客服可以即时解答消费者提出的问题，智能导购可以根据消费者的喜好为其推荐商品。这些智能交互方式大大提升了消费者的购物体验。

（3）线上线下融合。智慧零售打破了线上线下的界限，实现了商品、服务和消费者体验的无缝对接。消费者可以在实体店挑选商品，同时通过智能终端进行线上支付、评价和互动，享受线上线下一体化的购物体验。

（4）全渠道营销。借助大数据和 AI 等新技术，智慧零售能够实现全渠道营销。无论是通过社交媒体、线下活动，还是通过线上广告，都能精准触达目标消费者，提高营销效果。

（5）供应链优化。智慧零售通过智能化的物流管理系统，优化了商品的采购、仓储和配送环节。这不仅降低了运营成本，还提高了物流效率，为消费者带来了更快捷的配送服务。

（6）生态化发展。智慧零售不再局限于单一的零售业务，而是与金融、物流、制造等多个领域进行深度融合，形成了一个全新的生态圈，这种生态化的发展模式有助于提高整个行业的竞争力。

随着技术的不断创新和市场需求的不断升级，智慧零售将继续引领零售业的发展潮流。

二、零售业变革的规律分析

从零售三要素"人、货、场"的角度分析零售业的发展历程，全部零售活动的本质在于创造价值满足需求，其核心在于对"人、货、场"诸要素组合重构创新后达成的供需关系匹配。消费者对于商品功能、便利与体验的无止境追求，使得零售业变革呈现出一种周期性的发展规律，每一次都是社会进步、技术革新驱动"人、货、场"三要素变革，促使商品价值与需求端的匹配效率不断提升，当量变达到质变时，便带来了零售业的新变革。影响零售业变革的规律可以归纳为以下两点：

（一）供需关系的匹配是"人、货、场"三要素变革的核心

第一次零售业变革的本质是在生产力发展的驱动下，对应生产与销售社会分工产生的"货"与"场"之间的相互适应（以生产为中心，以"货"为核心）；第二次零售业变革（连锁商店的兴起）是管理体系以及流通效率的提升促使的"货"与"场"的经营组织变革（以产定销）；第三次零售业变革是在需求端的变化下，适应人们的消费层次和类别提升带来的"货"与"场"的业态变革（以销定产）；第四次零售业变革可以看作是由电子商务引发的智慧零售巨变（产供销一体化）；第五次零售业变革真正实现了智慧零售的崛起。网络零售对传统分销渠道的变革仅仅是起点，在数字技术的驱动下，被动的大数据消费潜力挖掘和主动的消费主张交流等行为让"用户至上"理念得以实现，这就要求商品创新和场景优化成为一个精益求精和不断迭代的过程，从消费者需求到原料生产、品牌厂商、流通体系、仓储体系，以及前端销售乃至用户体验端全产业链上的每个节点都将被重塑。零售业面临数字化、一体化、生态化的新一轮供需匹配演进。其中，数字化是手段，一体化是方法，而生态化则是零售业态的最终目标形态。了解并把握好"人、货、场"和"产、供、销"之间的转化关系，是零售业经营和发展的重要因素之一。通过新技术和新方法合理规划，零售企业才能更好地满足消费者的需求，提高销售额和客户满意度。

（二）生产力提升和技术发展是"人、货、场"主导权转移的动力

在生产力水平提升和技术赋能零售业发展的过程中，"人、货、场"三者之间的逻辑关系始终处于动态重构中。在生产力水平低下的时代，"需"远远大于"供"，零售活动最初的"人、货、场"三要素是以"货"为交易中心的简单关系，"货"占主

要地位。尤其在商品和资本不发达的百货商店时代，"货"的地位尤为重要，它是满足消费需求的重要载体。生产商根据自己的意愿先生产出商品，通过经销商进行商品流通，再由零售商销售给消费者。消费者的决定作用被抑制，主导权在生产商。

第二次零售业变革的驱动因素是：①现代大工业规模化生产的发展需要大批量流通销售；②企业需要规模化经营降本增效。这两个问题催生了标准化管理以及规模化运作的连锁零售模式。以"货"为主，引导"场"的变化与之匹配，先以规模效益实现低价销售，再用较低的价格扩大规模，在这个循环中，逐渐实现大规模生产所需的规模化销售效果。

第三次零售业变革产生的原因是：①经济危机导致人们缩减开支，出现"供"大于"需"的现象，人们的消费选择和消费层次牵引作用凸显；②进入信息时代，现代化收银体系以及订货系统的普及简化了商品品类管理，使零售商低费用、低毛利、低价格的策略得以实施。在物质极大丰富后的传统零售时代，卖方市场向买方市场的转移，使零售业的重心也由生产商转向了零售商，"场"占主要地位，以"场"为中心引导"货"匹配不同需求的人，各种针对不同消费群体的零售业态出现。例如，便利店形态的7—11，代表了以消费驱动的零售业，引导品牌商不断提供消费者需要的商品；以沃尔玛为代表的大型超市，代表了以供给驱动的零售业，为消费者提供海量的商品供其挑选；以好市多为代表的仓储式连锁会员制零售超市，本质是供给和渠道的结合体，服务于对价格敏感、对商品品质要求较高的消费群体。

但是，这些零售业态无法同时兼顾成本、效率和体验三个因素。从第四次零售业变革开始，电子商务掀起了消费与流通领域的民主化运动，互联网及数字技术的广泛运用，使消费的决定作用达成，"人"占据了主导地位，具体表现是：①零售模式重心逐渐由企业效率转向用户体验；②跨界零售、智慧零售等新业态纷纷出现，线上线下融合，充分利用新技术提升消费者体验，整合产业链。消费者在所有渠道上的行为方式决定了企业经营业务的方式，市场主导权从零售商手中完全转移到了消费者手中。

第四次零售业变革产生的原因是：①以互联网为代表的信息技术向商品流通领域渗透，使传统的商业活动、商业结构、企业的商业地位产生了深刻变革，电子商务具有了传统商业无法比拟的优势，如全球化、即时化和便捷化等。②激烈的市场竞争迫使制造商和零售商不断降低商品成本费用，缩短流转周期的途径。电子商务平台的出现为企业提供了更多的商业模式选择，如C2C、B2C、B2B等多种模式，使得"产、供、销"一体化成为可能。③现代化的工作节奏大大缩短了消费者的购物时间，消费者迫切需要更加快捷、方便的购物方式及服务。网络零售使消费者免去了车马之劳，使消费者随时随地找到好商品、好服务的电商平台应运而生。互联网提供了突破时空限制的"场"，拓展了"人"找"货"的渠道，降低了制造商和零售商的成本，方便了消费者。

第五次零售业变革产生的原因是：①网络零售发展到一定规模后，部分实体店由于生意骤降，加之线下高昂的门店成本难以维系而倒闭。此时，网络零售电商之间的竞争也越发激烈，经历了长期的价格战、流量战后，电商企业的利润变得越来越稀薄。无论是实体零售还是电商零售都急需寻找新的商业入口，融合"线上—线下—供应链"体系的新零售模式，正成为激活零售市场的新变革。②第四次零售革命掀起了消费与流通领域的变革，使消费的决定作用得以达成，"人"在零售业中占据了主导地位，零售企业经营模式重心逐渐由提高企业效率转向改善用户体验。消费者在所有渠道上的思考和行为方式决定了零售企业经营业务的方式，市场主导权从零售企业手中完全转移到了顾客手中。③消费互联网和工业互联网走向融合。在数字经济时代，消费升级和数字技术同步驱动。消费者个性化、多样化的需求呼唤社会生产、供给体系做出适应性调整。数字化资产的投入有效促进了各行业生产效率的提高，形成了新的、更高水平的生产力。无界零售、智慧零售等新业态的出现，依托于大数据统计、数字化管理体系等新技术支持，零售业从产品生产到终端销售的全产业数字化，能够使得成本、效率、消费者体验实现真正意义上的平衡。

三、数字经济时代零售业变革的趋势

数字经济是继农业经济、工业经济之后的主要经济形态，它是以数据资源为关键要素，以现代信息网络为主要载体，以信息通信技术融合应用、全要素数字化转型为重要推动力，促进效率与公平更加统一的新经济形态。未来经济增长的巨大潜力和崭新动能在于数字化，其价值体现在以下四方面：一是经济组织方式，如研发、生产、营销等方式发生根本改变；二是就业形态发生改变，企业的劳动雇佣关系向劳务合作关系转变；三是大大扩展了可交易的资源，生产资料和消费资料的界限不再清晰；四是生活方式发生剧变，生活空间从物理时空扩展到虚拟时空，人们之间的交往方式和社会联系被彻底改变。新的消费需求，如场景要素、体验要素、服务要素和消费习惯等不断升级。

零售变革本质最终是实现消费决定功能。经济运行只有由消费来主导市场，才能实现消费和生产的动态平衡，促进生产效率的提升。以"人"为中心的市场主导权转移带来的不仅是商业模式的变革，更是理念的变革。在数字经济时代，消费升级和数字技术同步驱动。人们个性化、多样化的需求呼唤社会生产、供给体系作出适应性调整。数字技术日益融入经济社会发展的各个领域，数字资本的投入有效促进了各行业生产效率提高，形成了新的、更高水平的生产力。

零售业未来的转型创新是供给侧结构的成本革命、效率革命和体验革命。其突破口在于"人、货、场"三要素从以"货、场"为中心到以"人"为中心的价值链重塑；体现在整个零售行业，表现为从产品生产到终端销售的全产业数字化、需求端大数据分析支撑下传统仓储体系的进化、基于店铺的颗粒化运营转变为基于用户的颗粒度运营，即一切围绕用户体验的用户运营，以及从传统的"卖货"转变为"货与数据"的双向流通，有效地将"人、货、场"进行资源重构与资源优化配置，打造提供商品、服务、体验的开放共享共赢的生态。由此，零售业变革的趋势是"人、货、场"三个要素的数字化重构。

(一)"人"的数字化重构：用户画像实现消费者赋能

在数字经济时代，数据成为重要生产要素。1995—2009年出生的人被称为"Z世代"。"Z世代"成员是真正的数字"原住民"，从刚一步入青春期就接触到互联网，其消费能力更强，消费需求更多元，数字消费与生产活动的参与度更高。这部分"产消者"（是指参与生产活动的消费者）的出现让生产商能对其需求进行立体化刻画，智能算法先将大量的异质性信息进行分解、归类，然后由人机平台并行处理和加工，从而为消费者提供高质量的个性化服务。新零售中的所有商品都是为满足人民对美好生活的向往服务。这里的"人"包含两层含义，一是指企业的内部员工，二是指企业的客户，包括上下游的各种商业伙伴和终端消费者。人的数据具有可识别性、可到达性、可交互性等特征，更加便于企业多渠道、多触点与消费者形成持续互动，把握核心消费人群的消费习惯、生活方式及潜在消费需求。在各个行业和领域中，人成为连接相关元素的中心，以人为纽带，零售生态实现了上下游数据的深度互联。①以平台为中心的商业模式将转变为以人为中心的商业模式。零售发展的重心将从城市中心区域转向居民社区，消费品市场将出现更多具有城市特色和区域特征的零售品牌，从而改变"千店一面、千店同品"的现象。②以人为附加体，不同行业中实现了新技术应用。例如：进店扫一扫、购物照一照、出门看一看，已经成为很多智慧零售门店的标配。人脸自动识别消费者、员工的身份信息、支付信息、生物信息，并对购物轨迹进行记录。线上线下通过应用生物识别技术、门店端和云端大数据采集技术、对比核验技术、商品 FRID 标签感应技术等新技术不断融合。

(二)"货"的数字化重构：需求驱动的供应链体系重构

在数字经济时代，商品价值在内涵方面进一步深化：不仅包括使用价值和交换价值，还包括为满足人的"目的性"需求而附加的丰富情感体验以及寓意独特的设计元素，从而促使流通价值链上商品的生产方式、供给模式发生根本性改变。智能商业可以提供从商品选择、商品陈列、商品定价，到销售预测、库存管理等智能化决策服务，帮助经营者构建起以需求驱动的供应链体系。一方面，商品的数字化让物流、信息流和资金流真正融为一体，提升了运营的科学化水平。大数据分析对于商品生产的指导、智能机器人对生产标准化的优化等都使商品个性化定制、柔性制造、无人零售等成为可能。另一方面，商品结构重构使商品被赋予多元化含义，商品不再拘泥于固有的形态，商品、内容、数据、服务等元素彼此渗透融合，从而实现消费者价值最大化的最佳选择。

(三)"场"的数字化重构：开放共享的数字产业集群

在数字经济时代，生产与消费的边界被打破，二者可以通过数字平台便利对接。数字经济中的各种数字化平台是数字经济的微观基础。从趋势来看，平台经济中出现了从消费端到生产端的转化。目前，比较成功的数字平台，绝大部分是在消费端，以个人用户为主，无论是支付、网购、外卖、打车或者社交等，基本都是由消费场景或个人用户场景催生出一大批新的业务模式。目前，数字平台的发展开始走向生产端。数字技术的应用能够提升规模、提升效率、提升用户体验，同时降低成本、降低风险、降低接触，有助于形成供应链服务的社会化协同机制，在生产端和供给端形成强大的网络效应。通过整合生产者，更快推动优化供应链创新，打造数字化产业集群，营造"零售 + 产业生态链"支撑的多元化场景。线上引流线下体验场景、App 购物场景、店中店触屏购物场景、VR 购物场景、智能货架购物场景、网络直播购物场景等，都可以在消费者与渠道或品牌，以及消费者与消费者之间的互动和转化中无缝切换。

数实融合新视界
新零售的实质是新制造

目前，我国正从世界工厂转型为世界市场，消费品市场仍具有较大增长潜力，用户直连制造（Customer to Manufacturer, C2M）的"新制造"方式得到进一步发展。阿里的"犀牛智制"构建了"电商平台 + 智能制造"的新型供需关系，商家可以利用"犀牛智造"等柔性供应链快速补货，极大地提高服装供应链效率。阿里还通过重启"春雷计划"来帮助中小企业和外贸工厂，助力外贸企业开拓内贸、打造数字化产业带。阿里旗下的"淘工厂直营店"通过预判未来销售趋势反向指导工厂研发新品、制定价格策略，帮助工厂低成本实现数字化生产方式，这种生产方式也被称为"互联网制造"（Made in Internet），这也是一种全球化产业链构想，利用数字化，把合适的设计、合适的原料、合适的制造商组合起来，实现更高效的流通。

通过上述分析可知，新零售的本质既不在消费端，也不在零售端，而是在供应端，新零售的实质是新制造。如果制造没有改变，不管怎么发展新零售，都不会从根本上改变我国的流通格局，更难以构筑高质量的流通体系。

数实融合新视界
智慧零售的产生

截至目前，零售业经历了以下三个发展阶段，走向智慧零售阶段。

1. 零售 1.0 阶段（实物交易阶段）

以线下实物交易为主体的阶段，基于基础通信技术和电子交易平台，组建内部网络，形成管理架构体系。体现为传统零售业态等通过实体店铺进行销售，采用传统的供应链管理和交易方式，消费者需亲自到店购买商品。

2. 零售 2.0 阶段（电子商务时代）

以电子商务为主的 C2C 和 B2C 服务模式，网络零售沉淀了线上交易的用户数据，线上交易开始崭露头角，传统零售商逐渐涉足线上业务。表现为电子商务平台，如阿里巴巴、京东、苏宁等通过电子商务平台实现线上交易，消费者可以在网上浏览商品、下单购买，并通过快递配送完成交易。

3. 零售 3.0 阶段（移动互联网时代）

通过移动互联网技术和定位服务将线上和线下的交易和服务进行整合。社交App 和移动支付的普及促使消费需求向个性化、多元化升级，供应链成为零售关系的重点。如通过美团、大众点评等手机应用或电商平台，消费者可以在线上浏览商品、预约服务，并在线下实体门店享受服务。

4. 零售 4.0 阶段（智慧零售时代）

人工智能、大数据、物联网等技术的应用，推动零售业进入智慧零售时代，即以消费者体验为核心的服务型零售时代，实现了智能化、个性化、场景化的零售服务，提供更优质的消费者体验。零售企业通过人工智能算法、大数据分析和物联网连接，实现对消费者需求的精准识别和个性化推荐，提供智能支付、智能购物、智能客服等服务，如智能音响、无人店铺、虚拟试衣等。

第三节　零售商业模式创新

谚语：
根本固者
华实必茂

零售业对社会的贡献之一是服务于国民福利。在数字经济时代，零售业"用户至上"的理念、用户需求驱动供给侧结构性改革的特征、开放共享的产业协同发展目标，既为经济增长提供了动力，也为均衡发展提供了共享机制，助力实现中国式现代化。

在以国内大循环为主体，国内国际双循环相互促进的新发展格局中，消费被提到了一个非常重要的位置。2022 年 4 月，《国务院办公厅关于进一步释放消费潜力促进消费持续恢复的意见》中提到"促进新型消费，加快线上线下消费有机结合，扩大升级信息消费，培育壮大智慧产品和智慧零售、智慧旅游、智慧广电、智慧养老、智慧家政、数字文化、智能体育、'互联网＋医疗健康''互联网＋托育''互联网＋家装'等消费新业态"。要把扩大内需与推动供给侧结构性改革结合起来，聚焦新消费群体，创造新消费场景，发展新消费模式，培育消费新增长点。地方政府响应国家号召，发布了一系列政策从各领域促进零售的发展。这与零售业变革以用户为中心的本质一致。零售企业当下正面临着"发展与成长"的问题，是用户从粗放式运营转型升级到精益化运营的突破口。一切从消费者的角度出发，一切从消费者的需求出发，一切从消费者的利益出发的零售商业模式创新成为拉动消费、提升核心竞争力的关键。创新在遵循数字治理的前提下，从全域零售生态布局和消费场景创新两个层面展开。

一、消费者导向打造全域零售生态布局

动画：消费者导向打造全域零售生态布局

消费者导向是指在数字经济时代零售业以消费者为核心、以数字化为基础，推动了零售三要素的重构，加速了零售经营模式和商业模式的创新，即通过与消费者的高频交互、对消费者进行会员运营和社群运营，基于数据驱动的智能客户运营实现业绩增长。全域营销是指以消费者为核心，以数据为驱动对消费者进行度量、细分和触达，整合各类可触达消费者的渠道资源，实现全链路、全媒体、全数据、全渠道的智能营销生态。对于消费者而言，零售被嵌入"无时不有、无处不在"的生活点滴，满足消费者随性、便捷的需求。目前，全域零售生态布局有以下两个典型代表。

（一）"平台中心＋轻资产"全域零售生态布局

"平台中心"支持的全渠道、全产业链智能营销是在数字技术体系下，以消费者运营为核心，以数据为生产要素，通过技术驱动将消费的全场景和供应的全品类有机融合在营销核心生态平台中。平台为各业态合作伙伴提供营销和数据服务，合作业态以平台为中心开展具体运营。最终针对消费者需求，基于引流、获客、转化、复购等常见的业务场景，实现打通各种具体运营并通过数据驱动，实现各业态协作共享，达成全渠道、全链路、全球化的全域运营。

（1）全渠道。全渠道指通过整合多层面、多形式、多维度的媒介或渠道，零售企业发出一致的声音，创造独特且优良的消费者体验。

（2）全链路。全链路指"产业链整合营销"，这是零售企业解决消费者品效合一需求的方案。全链路的核心是通过数字技术手段打通终端和场景，优化消费者购买路径。

（3）全球化。全球化是指通过"本土化平台＋高效运营算法"模式，将营销在全球复制与扩展。

全域零售生态布局是数字经济时代的呼唤，也是中国互联网产业与市场发展的必然需求，更是消费者需求端与企业端演进与创新的必然结果。零售企业全域运营的不仅是"货"，更是品牌和消费者的关系。

数实融合新视界

阿里巴巴全域零售生态布局

阿里巴巴的零售生态布局是全渠道、全链路与全球化商业布局的典型代表。阿里巴巴早在 2016 年就提出了包括全洞察、全渠道、全触点、全链路的全域营销设计理念。近 10 年来，阿里巴巴同时投资多种消费场景，在新零售、媒体娱乐、物流、生活服务及健康五大领域累计投入超过 3 000 亿元，围绕着业务主航道，新零售逐渐形成了阿里巴巴独特的商业大生态。其基于电商的核心业务，同时服务 C 端客户和 B 端商户的双边网络效应，直接塑造了"综合赋能者"的核心企业使命。阿里巴巴采取轻资产的平台模式，只在数据和营销方面提供支持，各业态合作伙伴以阿里巴巴为中心开展具体的运营，其演化路径包括以下三个环节：

1. 整合物流行业

阿里巴巴先后入股圆通、中通、达达、申通快递，并将这些物流公司纳入集团旗下菜鸟智能物流网络。

2. 整合零售渠道

阿里巴巴在零售业态创新方面，创建了盒马鲜生这一新零售门店；在网络零售方面，在淘宝、天猫、1688 等国内电商业务的基础上，开发了农村淘宝项目，并进入外卖、餐饮领域；在百货商场渠道方面，收购银泰百货集团，入股三江购物、高鑫零售和百联集团；在便利店渠道方面，通过"天猫小店"战略将传统小店转型升级为具有数字化营销能力和多元化商品服务的店铺；在社区超市渠道方面，有淘宝到家，消费者可通过淘宝到家在周边找到距离近、服务好、质量优的商家；在无人便利店方面，有淘咖啡探索，它融合了人脸识别、自动支付等技术，使消费者可以自行选购咖啡，并在离开时完成自动支付。在跨境电商领域，有全球速卖通平台，参与投资了 Lazada 平台（东南亚地区规模较大的在线购物平台），并与泰国共建了首个数字自贸区。

3. 打通会员体系

2018 年 8 月 8 日，阿里巴巴推出了"阿里 88VIP"会员卡，成为一张跨越阿里巴巴生态的"一卡通"。成为"88VIP"会员后，消费者可享叠加"双 11"折扣的全年"折上折"，出自天猫超市、天猫国际直营的全球 88 个品牌的商品全年 9.5 折；还可自动升级为包括优酷、饿了么、虾米、淘票票在内的年卡会员。此种会员卡打破了传统会员体系的孤岛，提升了用户忠诚度，同时实现了阿里巴巴旗下零售生态以"人"的数据为核心的全面导航。

（二）"重资产模式＋去中心化联盟"无界零售生态布局

无界零售生态布局的底层是核心企业依赖各自的重资产供应链体系进行数字化、智能化升级。在此基础上，以去中心化联盟的形式联合其他业态，形成集线上与线下、服务与物流于一体的数字平台。让营销、数据、技术、物流、金融等像积木一样可以自由拼接，全面向零售商进行开放赋能。这种布局可服务于多元化的场景和多变的需求，打造"场景无限、货物无边、人企无间"的零售世界。

（1）场景无限，是指消费场景将消除空间和时间的界限，无时不有，可无缝切换，未来客流/流量中心的作用会被淡化，一句语音指令、一张图片都有可能触发订单，碎片化的零售场景更能满足消费者的个性化需求。

（2）货物无边，是指消除商品的固定边界和产业的边界，商品即内容，内容即数据，数据即服务，随着商品内涵的丰富，其价值重心从交易转移到交互环节，为零售业开辟了全新空间。

（3）人企无间，是指生产者与消费者之间不再有明显的角色和利益区分，而是形成供需合一、协同共创的关系。

无界零售的重点是实现了从"服务在线化"到"以人为中心的服务"的购物场景的无缝转化。例如，在上班的地铁上，用户的某品牌智能家居App推出一条信息："耗材提醒：您家的洗衣机已经完成洗衣功能，需要添加洗衣液。"用户在了解洗衣情况的信息提示页面上同时会看到洗护商品的推荐界面，用户既可以按照原来的订单购买，也可以选择新的品牌完成购买流程。智能洗衣机作为流量的入口，从洗衣场景出发，围绕用户缺什么就推荐什么的消费需求，提供了高效、优质、便捷的服务。

数实融合新视界

京东打造无界零售场景

京东依托电商初期以打造包括仓储、物流在内的自建供应链为基础，打通线上线下渠道和供应链，赋能所有场景，通过"人、货、场"进行异步协同，最终实现货物的配送。

1. 自建实体门店：渠道下沉，三类店铺各显其能

京东布局了京东专卖店，即覆盖全品类商品的体验店"京选空间"；开设了创新型智能生态门店"京东之家"，主打线上产品与线下产品同价，以线上的价格可以买到线下的产品；设立了为用户提供配送、维修等服务的"京东帮"实体门店。

2. 超市领域：联合行业领先企业，形成优势互补

2015年8月，京东入股永辉超市。2016年6月，京东与沃尔玛达成深度战略合作。京东、沃尔玛和永辉超市的战略合作，使它们在客群、品类上形成优势互补。同时，京东在品牌、宣传、营销上与沃尔玛、永辉超市开展深度合作，京东联合永辉超市、沃尔玛推出"京东到家"App，开展O2O业务，将永辉超市作为"京选空间"的入口，借助永辉超市的线下资源和客流量与线上形成双向导流。并通过从沃尔玛收购1号店弥补其在华东地区的市场短板。

3. 生鲜/餐饮领域：线上线下连点成面

2015年，京东成立生鲜事业部，并入股生鲜零售企业天天果园，着力开发生鲜市场。京东在生鲜领域的布局主要以自营平台为主，"京东到家"App为用户提供3千米范围内生鲜、超市商品、鲜花等各类生活商品2小时内快速送达服务。京东与永辉超市、天天果园、海内外各优质农产品企业和产地合作，打造农产品供应链体系。在线下，京东入股社区生鲜超市钱大妈，并在线下开设了实体生鲜体验店七鲜（7 Fresh）。

4. 便利店：赋能线下，打造智能便利店

2015年12月16日，京东新通路事业部成立，专为全国中小门店提供优质货源和服务。随后，京东新通路事业部秉承京东的无界零售理念，打造了创新型智能门店——京东便利店。京东便利店并非传统意义上的便利店形态，而是京东线下版本的创新型智能门店。京东除了为便利店提供优质货源外，还会输出品牌、模式和管理指导。京东便利店内安装有集商品管理、顾客管理和营销服务于一体的智能门店管理系统，该系统可以利用大数据优势进行智能补货和智能上货，根据消费者画像给予门店智能补货、智能选品的支持。并与京东便利GO小程序打通，实现实体门店和京东便利GO数据、会员、库存一体化管理。店主可以通过一部手机实现管货、管钱、管顾客。

二、数实融合促进消费场景创新

微课：数据智能创新消费场景

　　数实融合是指数字经济和实体经济的融合。促进数实深度融合是建设现代化产业体系的核心内容之一，是推动高质量发展、加快形成新发展格局的重要任务。

　　消费场景指的是消费者消费或需求的场景，消费场景包含了空间、时间、物品、行为、角色等要素，即人物在特定的环境中进行产品使用或体验并最终进行消费的过程。消费是最终需求，是畅通国内大循环的关键环节和重要引擎，对经济具有持久拉动力，事关保障和改善民生。

　　习近平总书记 2022 年 12 月 15 日在中央经济工作会议上的讲话强调"我国新型工业化、信息化、城镇化、农业现代化深入推进，消费日益成为拉动经济增长的基础性力量。要增强消费能力，改善消费条件，创新消费场景，使消费潜力充分释放出来"。零售企业的本质是以产品为中心，通过新技术不断提升用户体验和运营的效率。以人为本，数据驱动，重构"人、货、场"，打造数实融合的新消费场景是提高零售商业质量，改善居民购物休闲体验，促进消费提质扩容的重要途径。

（一）创新消费场景的作用

　　创新消费场景具有以下三个关键作用：

1. 拓展消费市场

　　消费是经济增长的压舱石，近年来，我国消费规模和消费结构持续扩大并优化，消费新业态、新模式快速发展，消费对经济增长的基础性作用持续凸显。数实融合不仅是城市服务提升的关键手段，也是消费进一步复苏和高品质生活的内生动力。"一刻钟便民生活圈"场景、阳光厨房、阳光菜场、智慧餐厅、智慧超市等数实融合的业态创新进一步畅通消费循环，改善消费环境。在为消费者提供更加多元的服务体验的同时，也培育了新的消费习惯，促进用户消费方式的转型升级。我国近十年来，新型消费蓬勃发展，绿色、健康、智能消费受到青睐。网络零售、跨境电商、移动支付等新业态、新模式、新场景不断涌现，许多来自小城市和农村地区的消费者可以直接使用手机购物，深刻改变了中国老百姓的日常生活。

2. 带动就业创业

　　消费场景数字化转型持续活跃，有效激发了市场经济发展活力，支撑了社会民生事业发展。中国已成为全球最大的网络零售市场，数字经济带动就业的杠杆效应显著。在第三产业中，数字经济带来的岗位占到六成，如即时零售要求"线上下单，线下 30 分钟送达"，其供给高度依赖本地门店。基于这一基本属性，即时零售业态的发展也创造了更多的本地就业机会。发展智慧零售，对就业的带动作用远远超出传统的零售企业，造就了一批新职业的出现。修订后的 2022 年版《中华人民共和国职业分类大典》，首次标注了 97 个数字职业。其中既包括"分拣员""网约配送员"等大规模的新型职业，也包括数字消费推进乡村振兴发展后出现的"水果质检师"等一大批通过新技能满足新需求的新型职业。

3. 促进零售业资源有效流动和优化配置

零售业数字化对零售商和品牌供应商的赋能开启了全新的消费时代。数据是一种生产要素，数实融合的消费场景创新通过打造数智化平台深挖数据价值，让供应链上的企业通过计算的方式来全方位优化要素配置。数实融合以科技驱动要素配置，让零售商能够更精准地掌握消费者需求、更高效地触及新消费场景，并提升供应链内部组织的生产和经营效率，促进产业创新模式向高效、共享、协同转变，提升产品质量和企业的竞争力。产业振兴是我国乡村振兴的重中之重，数据生产要素的优化配置进一步延伸产业链，提升价值链，助力推进农业供给侧结构性改革，推动品种培优、品质提升、品牌打造和标准化生产，促进三大产业融合发展，更多、更好地惠及农村农民，为全面推进乡村振兴提供坚实的产业支撑。

数实融合新视界

镇江农村家电消费不断升级

"这种空气炸锅好用得很，没想到我也赶了回时髦。"江苏镇江村民胡某说，"这款小家电是在镇上的舒爽家电网店购买的。"舒爽家电在镇上开了 10 多年，出售的多是传统家电。有些新款产品店里没有陈列，但网店里有。村民要买冰箱，除了到店咨询店里陈列的几款单开门冰箱，也可以选择网店里的新款智能冰箱。店主教会村民通过手机微信小程序"汇享购"，选择自家门店的专属网店，注册后登录就可见各种琳琅满目的品牌和款式的家电，还有图片、视频等详细介绍。下单后就能送货到家，还能领优惠券。如需要退换货等售后服务，直接到店里就行。

舒爽家电店主介绍："我们扎根乡镇，熟客多、黏性强，但店里空间不大，库存有限，而且营销渠道单一。"前几年，舒爽家电进驻汇通达网络股份有限公司的"汇享购"平台,在平台的远程指导下,开设了网店,学会了引流,由店主跨界成为网店客服,门店年销售额同比提升约三成,同比增长10%。

据汇通达网络股份有限公司负责人介绍,近年来,该平台面向下沉市场,一头连接1万多家家电品牌商和渠道商,另一头连接21个省份的16.9万家乡镇"夫妻店",对其进行数字化改造。这些店主可把供应链里的商品直接上架至自家网店,平台则通过"集单反采"向品牌商批量采购。改造后的店面提供线上购物、线下服务体验,网店商品的价格还会根据市场行情预估调整,通过线上线下发放优惠券等促销方式,让利于消费者,助力农村居民消费升级。汇通达网络股份有限公司的商品已覆盖家用电器、消费电子、农业生产资料、交通出行、家居建材、酒水饮料六大品类。

(二) 创新消费场景的路径

目前,零售企业可以通过以下两种路径创新消费场景:

1. 数据智能创新

数据智能是指基于大数据引擎,通过大规模机器学习和深度学习等技术,对海量数据进行处理、分析和挖掘,提取数据中所包含的有价值的信息和知识,使数据具有"智能",并通过建立模型寻求现有问题的解决方案以实现预测的创新方式。基于数据智能的消费场景创新有以下三种主流技术:

(1) 人工智能支持智慧零售场景落地。智慧零售是一种以互联网为依托,通过运用大数据、物联网、人工智能等先进技术手段,对商品的生产、流通与销售过程进行升级改造,进而重塑业态结构与生态圈,并对线上服务、线下体验,以及现代物流进行深度融合的零售新模式。智慧零售的本质在于对生产、销售、物流等环节的重塑,实现线上线下的深度融合和相互引流,人工智能对智慧零售的效率提升发挥着至关重要的作用。目前,落地的人工智能应用主要有智能客服、智慧门店、智慧仓储、智慧营销和VR购物等。

(2) 自动数据采集和智能预测真正实现以用户为中心。以消费者为中心的社交化特征越来越明显,以广告为主的单向传播方式效果不断衰减,口碑、信任成为零售企业得到消费者认可的重要因素。零售企业不断提高自身的社交属性。利用微信、短视频、点评网站、直播等主流社交平台,以及家电、汽车、可穿戴设备等新型流量入口，通过与消费者保持高频次的互动行为构建消费圈层，凭生态圈拥有的海量用户数据，将自动数据采集和大数据预测推荐模型等作为消费者行为的数据化分析工具，可捕捉新的消费趋势，准确定位目标市场，实现按需生产、精准营销，同时培育新消费习惯，真正实现以消费者为中心的新零售关系。

（3）数字孪生实现零售数据虚拟化。数字孪生是利用物理模型、传感器更新、运行历史等数据，集成多学科、多物理量、多尺度、多概率的仿真过程，在虚拟空间中完成映射，从而反映相对应的实体装备的全生命周期过程。数字孪生反映了物理实体和虚拟模型之间的双向动态映射。一方面，数字孪生是物理实体的虚拟化，来自物理世界的数据通过传感器感知并传输到虚拟模型，以完成仿真、验证和动态调整；另一方面，数字孪生是虚拟模型的实体化，以虚拟方式判断、分析、预测和优化之后，实现数字世界与物理世界数据的无缝打通、实时双向对接和互联。优化客户体验是零售企业发展的关键，数字孪生及 AR/VR 成为优化购物体验的首选。"数字孪生"可以将不同平台的数据存入储备库中，通过虚拟拓展实现模拟、预测等分析，再运用先进的迭代模型提出建议、引导决策，从而帮助零售企业有效管理产品供应，避免供应链中断和优化物流成本。

2. 跨界融合创新

跨界融合创新是数字经济时代创新的典型特征。数字技术把现代化经济体系塑造成一个"生态系统"，这一复杂系统工程的底层是新型基础设施，再上一层是各种平台，而各种平台之上是大大小小的市场主体和消费群体。智能互联网作为数字经济底层架构的核心，协同共生促进了各种关系和联系的生成，当所有事物互联互通之后，网络又会向更高层级演化，逐渐体现出价值共创、产用融合等特征。目前主流的跨界融合创新主要有以下三类：

（1）消费互联网和产业互联网融合促进绿色发展。消费互联网和产业互联网都是数字经济的重要载体。消费互联网注重与消费者的链接，产业互联网强调数字技术与产业的深度融合，两者的打通将拉动绿色化、智能化、柔性化、网络化先进制造业的发展，促进产业创新模式向高效、共享、协同转变，从源头上有效缓解资源环境的压力。数字技术创造了一个"数据＋算力＋算法"的新模式，生产、流通和消费全链条的数字化构建起平台企业、行业企业、消费者等主体良性互动的产业创新生态系统，帮助行业企业整合产业链供应链资源，为零售供应链高效合理配置资源提供科学依据。通过"资源—产品—再生资源"的循环流程降本增效，实现价值共创，促进绿色发展，实现需求与供给之间的高效匹配和动态平衡。面向未来，绿色循环低碳发展是生态文明建设的必然要求，代表了当今时代科技革命和产业变革的方向。

数实融合新视界

伊利全产业链创新

"不创新无未来"是内蒙古伊利实业集团股份有限公司（简称"伊利"）的发展理念。近年来，伊利全力深化与数字经济的融合，应用数字技术推动了全产业链的创新，以创新推动企业的发展。

一、运用数字化转型推动全产业链的创新

伊利发展出了"四全数字化运营业务体系"，实现了全产业链覆盖、全渠道渗透、全方位互动和全品类共享。通过数字化体系深度激活各类数据价值，与电商、媒体平台全方位合作，不仅注重公域流量，而且注重私域流量的开发，与消费者密切互动，建立信任和情感继续保持行业大幅领跑的态势。

二、整合全球智慧资源，搭建创新平台

近几年来，伊利在荷兰、新西兰等国家构建全球智慧链，集中全球智慧，为消费者提供高品质产品。如伊利和荷兰瓦赫宁根大学强强联合，建立了中国企业首个研究母乳成分的数据库，积累了大量数据，并将一系列科研成果转化为高品质的健康产品。

三、强化科研推动产品创新

伊利聚焦消费者对于产品品质、营养、体验等不同维度提出的要求，坚持创新战略，紧跟消费升级、攻关核心技术，每年上市新品超过 100 个。通过不断研发新产品，满足消费者日益多样化的需求，从而提高市场竞争力。

（2）零售行业与科学技术混合创新。目前，科学技术不断融入零售行业，提升了消费者的数字化生活水平，打造智慧便民生活圈的途径如下：

一是零售企业利用数字标牌、电子试衣间、智能定位、自助终端和 VR 展示等一系列智能应用，带给消费者智能化和场景化的购物新体验。各种模式混合形成了多功能、多目的、多流量的数字零售消费业态，最终实现了双向导流的封闭循环。

二是产品功能将保持快速迭代，科技含量高的产品更能向消费者提供面向未来的智能化、沉浸式服务体验，成为消费者获取知识、彰显个性的新途径。

三是零售企业将更清晰地向消费者传达品牌文化及品牌定位，商品陈列以生活方式展示为目的，智慧门店中的商品品类更加丰富，服务功能更加突出。

四是打造业态融合互补、设施智能高效、功能便利的智慧商圈和智慧商店，让零售更智能。如无人配送业务围绕无人配送、空地协同、自动时空配准、高性能计算等关键技术攻关，为商圈周边的居民提供"半径3公里，15分钟万物到家"的全新服务体验。

（3）物理世界与数字世界协同共创。物理世界是指人们能感觉到的，基于"物"的客观世界，"物与物"和"物与人"的各种交互，构成了人类实体活动的主要存在形式。

数字世界是指随着科技的快速发展，利用云计算、物联网、大数据、人工智能、数字孪生、元宇宙等为代表的数字技术，按照域的概念对时空的认识和认知对应构建的一个全新的数字世界。物理世界的实体活动都能在数字世界平移进行。如数字交通、数字城市、数字中国等。数字孪生是连接物理世界和数字世界的桥梁，未来视觉接口转化为脑机接口和元宇宙技术的实践，更能够将物理世界和数字世界合二为一，构建具有更好的沉浸式体验的零售模式。

数字世界和物理世界协同创新的优势在于数字世界的协同机制和迭代机制优于物理世界。在物理世界，协同需要在现场进行，跨空间、跨时间、多人数的协同很困难。例如，在进行智能家居整体设计时，甲方、乙方、咨询方、施工方只能在物理蓝图和监理的机制下来协同，施工及后期维护的不确定性较大。但是，在数字世界，可实现跨角色、跨时间、跨空间的人机协同和跨界协同，需求方、供应方和施工方可以根据数字模型结果不断协调合作，材料调整、布局变化都能快速迭代完成优化，为物理世界的施工降本增效。这种协同是一种生产方式的创新，数字世界为了服务物理世界而存在，物理世界因数字世界变得高效有序。

数实融合新视界

奥利奥 AI 动态水墨画

非同质化通证（Non-fungible Token，NFT）作为当下最受关注的区块链技术，在全球范围内受到关注。奥利奥携手阳狮集团和国内知名数字资产创作机构咖菲科技，借助高性能的公链①平台，首次利用

---

① 公链：也称"公有链"，是指全世界任何人都可以读取、发送交易，而且交易能获得有效确认的、可以参与其共识过程的区块链。

区块链技术，将原本展出于杭州的线下水墨艺术展延续到数字世界。

不同于许多品牌发行的单一数字作品，奥利奥将这幅数字水墨长卷解构成 5 000 块独一无二的 NFO（Non-fungible OREO，非同质化奥利奥），每一块 NFO 对应一幅艺术品，每位粉丝都有机会认领一个 NFO 数字艺术品盲盒。领取限量 NFO 之后，点击扭一扭开启盲盒，饼干夹心上还会显现出一幅专属于所有者、绝无仅有的 AI 动态水墨画。用户通过多次购买奥利奥的产品并向好友分享相关链接，从而获得抽取奥利奥 NFT 数字饼干的机会。每一块 NFT 奥利奥都有独一无二的编码，无法复制、不可共享、入手即唯一。其独特性和唯一性激发了用户参与此活动的动力。同时，奥利奥品牌通过向用户发放数字藏品的方式，让用户对奥利奥产生归属感与忠诚度，并深度参与到品牌运营中。

三、数字治理保障零售模式创新

动画：数字治理保障零售模式创新

数字治理是随着数字技术在经济、社会、政治生活中日益广泛的应用而产生的新型治理。数字治理既包括"基于数字化的治理"，即数字化被作为工具或手段应用于现有的治理体系中，其目的是提升治理效能；也包括"对数字化的治理"，即针对数字世界各类复杂问题的创新治理。数实融合的零售模式创新为现代化经济体系构建提供了充沛动力，但也面临来自融合过程的种种问题和威胁。主要表现在高度集成的系统安全风险、数据泄露风险、垄断风险和资本无序扩张风险等。

习近平总书记在中共中央政治局第三十四次集体学习时强调，要"规范数字经济发展""完善数字经济治理体系，健全法律法规和政策制度，完善体制机制""健全市场准入制度、公平竞争审查制度、公平竞争监管制度"，这是深刻把握数字经济发展趋势和规律作出的重要决策。2022 年以来，"全国数字治理第一城"杭州充分发挥数字化改革先行的优势，以"大数据 + 智能算法 + 人脑智慧"为基点，加快推进"全域数字法治监督平台"建设，推动执法、司法数据"一云归集"，实现数字法治监督改革先行突破。

以数字治理体系保障消费场景创新，围绕促进数字经济和实体经济深度融合，破除制约经济循环的制度障碍，需要做到以下四点：

（1）深化数据要素领域的改革开放，建设安全高效的数据要素市场，健全数据产权交易制度；完善数据分类分级保护制度，规范和促进数据市场发展。

（2）深化数字经济治理体系改革，完善包括法律法规体系、标准规范体系、政策措施体系、协作制度体系等内容的数字经济规则体系，采取积极的包容审慎监管制度。

（3）加强反垄断和反不正当竞争，依法规范和引导资本健康发展，为各类经营主体投资创业营造良好环境，激励技术创新和绿色发展。

（4）优化数字产业化和产业数字化的体制机制环境，以充分发挥市场在资源配置中的决定性作用和更好发挥政府作用为导向，建立合理有效的市场规则，建设高标准的市场体系。

社会担当与企业责任

创新要把握好活力与秩序的关系

以引流与资本推动为导向的零售消费场景创新，在给消费者带来新体验的同时，也出现了一些不良现象。为此国家采取了一系列措施：2021年2月7日，国务院反垄断委员会发布了《关于平台经济领域的反垄断指南》，为加强平台经济领域反垄断提供了科学有效、针对性强的制度规则；2023年8月8日，国家网信办公布《人脸识别技术应用安全管理规定（试行）(征求意见稿)》，该规定中的最少使用、遵循自愿、最小存储原则，禁止了非必要的信息收集、App捆绑授权和隔空自采集等行为，重视人脸识别场景的必要性和合规性，从政策层面强化了安全先于方便的技术使用理念。这一系列合规性要求的提出，既是政府对行业发出的警告信号，也是对零售业发展必须处理好活力与秩序关系的警示信号，行业企业必须加以高度关注与重视。

调查研究与善作善成

调研背景

调查研究是谋事之基、成事之道。数字经济时代的零售认知涉及数字化转型、跨渠道整合、数据驱动的个性化、供应链创新，以及体验和服务导向等新内容，更加需要通过调查研究开展实践训练来思考领悟。

调研步骤

（1）组建调查研究小组（每组4～5人），落实调查任务，确定调查对象、调查时间和地点、安排好交通工具与行程；拟定调查提纲和调查问卷；出行前召开调查过程中的安全教育及调研注意事项主题班会。

（2）实地走访。实地走访当地政府主管部门或行业协会、零售企业，通过调研对区域内零售业态布局、零售网点、不同类型店铺的经营品种、规模、销售状况等形成初步认识。重点关注线上线下零售网点、批发市场中重要的饮料、食品、日用品，以及电器等深度分销品类对人民生活及幸福感的影响程度。

（3）行业企业新闻收集。通过网络、电视、报刊等大众媒体收集有关零售行业的发展信息。对收集的信息坚持通过系统观念、问题导向的科学态度和方法分析和判断，整理出有利于提升民生福祉的观点、案例和典型做法。

（4）消费者访谈。通过了解当地消费者对本区域线上线下零售网点产品品类的了解和感受，分析消费者购买习惯和对产品的看法。

调研要求

结合本章内容，通过实地走访、行业企业新闻收集、消费者访谈等方式，深入一线调查，了解当地零售业高质量发展的做法、措施及发展规划，形成一篇调研报告。调查研究务求"深、实、细、准、效"，调查报告要求选题准、立意高、内容实。

学习检测

一、单项选择题

1. 在新零售业态下，市场的主导权向（　　）发生转移。

    A. 消费者　　　　　　B. 平台　　　　　　C. 物流服务　　　　　D. 企业

2. 中国很大程度上是（　　）的先驱。

    A. 连锁店　　　　　　B. 移动电商　　　　　C. 百货商店　　　　　D. 超级市场

3. （　　）是连接数字世界与物理世界的桥梁。

    A. 数字孪生　　　　　B. 数据分析　　　　　C. 虚拟现实　　　　　D. 成本结构

4. 零售的核心是（　　），数据驱动，重构"人、货、场"。

    A. 渠道为王　　　　　B. 以人为本　　　　　C. 产品为主　　　　　D. 全域营销

5. 零售的商业逻辑之一是（　　）与消费的最佳匹配。

    A. 商品　　　　　　　B. 渠道　　　　　　　C. 客户　　　　　　　D. 传播

二、多项选择题

1. 以下选项中，可以视作零售企业的是（　　）。

    A. 百果园　　　　　　B. 全球蛙　　　　　　C. 盒马鲜生　　　　　D. 沃尔玛

2. 零售业态的构成要素包括（　　）。

    A. 店堂设施　　　　　B. 经营方式　　　　　C. 销售方法　　　　　D. 服务功能

3. 零售业变革的本质是（　　）。

    A. 以用户为中心　　　B. 以生产为中心　　　C. 以物流为中心　　　D. 以销售为中心

4. 零售企业对直接利益相关方的社会责任应该包括（　　）。

    A. 对顾客的责任　　　　　　　　　　B. 对员工的责任

    C. 对社会（政府、行业等）的责任　　D. 对股东的责任

5. 全域运营包括（　　）。

    A. 全洞察　　　　　　B. 全渠道　　　　　　C. 全球化　　　　　　D. 全链路

三、判断题

1. 零售业态从总体上可以分为有店铺零售和无店铺零售两类。　　　　　　　　　（　　）

2. 零售三要素是指"人、货、场"。　　　　　　　　　　　　　　　　　　　　（　　）

3. 社交新零售行业对应的是搜索逻辑。 （ ）

4. 在第五次零售业变革中，零售企业经营模式重心逐渐由提高企业效率转向改善用户体验。 （ ）

5. 零售业变革的总体趋势是零售业态线上线下相融合。 （ ）

第 二 章

零售市场战略

学习目标

素养目标

- 了解零售业态的转型趋势，创新数字化应用能力
- 熟悉新发展格局对零售市场转型的影响，培养独立思考的能力
- 掌握零售市场战略规划的要求，培养未雨绸缪、实事求是、踏实勤奋的工作作风

知识目标

- 熟悉零售新业态的具体形式
- 掌握新发展格局下零售市场的转型方法
- 掌握零售新业态市场渗透和市场扩张增长机会

技能目标

- 能够分析新发展格局对零售市场的影响
- 能够根据当前的市场状况，分析零售市场发展的要求
- 能够准确分析环境因素，选择适合的零售市场战略
- 能够根据零售企业定位制定适当的零售战略规划

思维导图

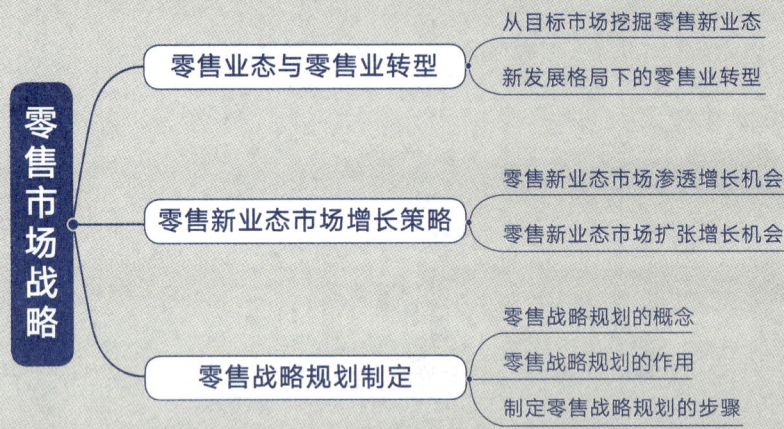

零售市场战略

- 零售业态与零售业转型
  - 从目标市场挖掘零售新业态
  - 新发展格局下的零售业转型
- 零售新业态市场增长策略
  - 零售新业态市场渗透增长机会
  - 零售新业态市场扩张增长机会
- 零售战略规划制定
  - 零售战略规划的概念
  - 零售战略规划的作用
  - 制定零售战略规划的步骤

学习计划

■ 素养提升计划

_____

_____

■ 知识学习计划

_____

_____

■ 技能训练计划

_____

_____

案例导入

连通"一带"与"一路"，全球好货一站购

重庆环球购物中心落户的陆海新通道国际消费中心，正通过"一带一路"沿线 23 个国家的上万个单品，让购物者不出重庆就能实现一站式购买全球进口产品。

作为西部首个核心商圈保税展示交易中心，陆海新通道国际消费中心是由重庆市商务委、市政府口岸物流办、市政府外办、渝中区政府联合打造的重点开放项目之一，采用"国家馆 + 专业馆"的形式，首期引入新加坡、泰国、日本、德国、英国、澳大利亚和新西兰 7 个国家馆，赋予保税展销、跨境电商、离境退税等政策优势，展示并销售各个国家（地区）及陆海新通道 14 省（市）有代表性的优质特色商品，加快构建"进口精品超市（商场）+ 国别主题馆（进口商品城）+ 跨境线上平台"的"世界超市"消费生态。

4 天时间，老挝的糯米飘香至重庆；8 天时间，新疆的哈密瓜就可抵达泰国。在全球好货汇聚陆海新通道国际消费中心的背后，是陆海新通道"朋友圈"不断扩大所带来的新变化。

"在此之前，东盟国家的货物需要通过海运运抵中国东部沿海地区，再通过长江或公路转运至西部，耗时长达一个月以上。陆海新通道国际消费中心的开通，将物流周期缩短 10 天以上。"陆海新通道国际消费中心负责人介绍，众多东盟国家的商品通过陆海新通道国际消费中心进入中国市场，从咖啡、榴梿等特色农产品，到钢铁、纸张等工业制成品，通道沿线省区市与东盟国家的经贸往来愈加密切，与东盟地区的进出口额逐年提升。

陆海新通道国际消费中心只是重庆渝中区创新"保税 + 实体新零售"新模式的一个缩影。近年来，渝中区发挥城市文化资源及洋码头等跨境电商平台的优势，落地洋码头全国首家文旅免税店，集聚精品美妆、营养保健、日用百货、母婴用品等多个品类，运用线上线下相结合的经营模式，发挥电商企业供给端资源优势，叠加运用保税展示、跨境电商线上交易优惠税率等政策优势，进一步降低商品的售价、缩短收货时间，让消费者享受更多实惠。

谚语：
顺势而为
与时俱进

第一节　零售业态与零售业转型

一、从目标市场挖掘零售新业态

动画：从目标市场挖掘零售新业态

目前，零售新业态的涌现速度大幅提升，各种零售新业态希望通过技术端和消费端的创新，促进线上线下全渠道深度融合，促进商品以更好的品质、更快的速度、更低的成本、更少的环节从供给端到达消费端，从而解决市场供给问题。

（一）寻找目标市场

寻找目标市场是指零售企业在市场细分之后确定的若干"子市场"中，运用零售企业营销活动瞄准具体市场方向的优选过程。零售新业态的出现需要遵循目标市场策略，在无差异市场营销策略、差异市场营销策略和集中市场营销策略中寻求符合自身需求的细分市场。

在零售企业的营销活动中，选定目标市场是需要考虑多种因素的。就市场来说，并非所有的市场机会都具有同等的吸引力，并不是每一个细分市场都是零售企业愿意进入和能够进入的。同时，对一个零售企业来说，总是无法提供市场内所有顾客所需要的产品和服务。由于资源有限，同时为了保持效率，零售企业选择目标市场时要充分考虑产品特点、产品生命周期、市场特点、市场需求和竞争者策略等因素。

1. 产品特点

产品的同质性表明了产品在性能、特点等方面的差异性大小，是零售企业选择目标市场时必须考虑的因素。一般而言，对于同质性高的产品（如食盐等），应该选择无差异市场营销策略；对于同质性低或异质性产品，应该选择差异市场营销策略或集中市场营销策略。

2. 产品生命周期

处于不同生命周期的产品会对竞争环境、营销策略产生影响。当产品处于引入期和成长初期时，消费者刚刚接触新产品，对它的了解还停留在较粗浅的层次，竞争尚不激烈，这一阶段零售企业的营销重点是挖掘市场对产品的基本需求，这时往往采用无差异市场营销策略。当产品进入成长期和成熟期时，消费者已经熟悉产品特性，需求向深层次发展，表现出多样性和个性化，竞争空前激烈，零售企业应适时将市场营销策略转变为差异市场营销策略或集中市场营销策略。

3. 市场特点

供与求是市场中两大基本力量，它们的变化趋势往往是决定市场发展方向的根本原因。供不应求时，零售企业重在扩大供给，无暇考虑需求差异，所以采用无差异市场营销策略；供过于求时，零售企业为刺激需求、扩大市场份额，多采用差异市场营销策略或集中市场营销策略。

4. 市场需求

如果消费者对某产品的需求偏好、购买行为相似，则该市场为同质市场，可采用无差异市场营销策略；反之，为异质市场，采用差异市场营销策略和集中市场营销策略更合适。

5. 竞争者策略

零售企业可与竞争对手选择不同的目标市场覆盖策略。例如，竞争者采用无差异市场营销策略时，本企业选用差异市场营销策略或集中市场营销策略更容易发挥优势。

社会担当与企业责任

绿色助农践行社会责任

济发展和人民幸福做出积极贡献。

康师傅作为民族品牌企业，秉持"弘扬中华饮食文化"的使命和"永续经营，回馈社会"的企业宗旨，以实际行动为经

1. 创新惠农模式，助力乡村振兴

作为农产品深加工龙头企业，康师傅在助力乡村振兴方面采取了众多举措。一方面，康师傅通过每年数百万吨的农产品采购直接带动逾 4 000 万名农民提高收入，在满足消费者对营养健康需求的同时，加大对农产品的采购量，让农民的"钱袋子"鼓起来；另一方面，康师傅也不断探索惠及"三农"的新模式，升级打造"企业 + 基地 + 农户"的产业链模式，启动内蒙古康巴诺尔国际农业产业园项目，通过辅导农户种植，严格控制产地端品质与检测监管，推动农业技术升级，拉动地方经济，带动当地近万名农民就业。

2. 技术革新推动节能减排，绿色发展共保家园常青

按照新发展理念，康师傅将可持续发展理念升级为"家园常青，健康是福"，在企业的碳中和战略上确定了"开展碳基线盘查""设定减排目标""设计减排举措"三步走的路线图。2021 年，康师傅启动了集团全面碳盘查专项，目前已经完成了第一阶段的数据核查，为后续进一步科学减碳打下基础。同时，康师傅将碳盘查延伸到产业链上下游，希望能够成为行业减碳的标杆和典范。

康师傅率先洞察到消费者健康意识提升的新趋势，创新研发了无糖茶等新产品，契合了大众消费升级新需求，满足消费者对营养健康饮食的追求。在产业结构调整的同时，也明显减少了碳排放，根据测算，每生产 100 万瓶 500ml 无糖冰红茶，相比传统的含糖冰红茶，在用糖方面的碳排放可减少约 29 吨，相当于 1 300 棵树一年的吸收量。

近年来，康师傅通过技术革新、数字化转型等方式切实有效地推动更加绿色、低碳的可持续发展，并带动上下游合作伙伴实现共赢。2020 年康师傅每万箱产品温室气体同比 2017 年下降了 22%。康师傅开发的方便面蒸箱余热回收装置，每年可减少因能源消耗而产生的二氧化碳排放量 17.3 万吨。康师傅旗下从事饮品事业的广州、西安和苏州工厂采用光伏发电方式，每年发电 1 272 万度，减少温室气体排放量相当于约 34 万棵大树一年的碳吸收量。从事饮品事业的郑州工厂采用蒸汽冷凝水回收利用、中水回用，以及其他多项节水措施，年节水量达 10 万吨以上，进一步带动了行业绿色低碳化发展。

（二）发展零售新业态

新业态指的是顺应多元化、多样化、个性化的产品或服务需求，依托技术创新和

应用，从现有产业和领域中衍生叠加出的新环节、新链条、新活动形态，具体表现为以互联网为依托开展的经营活动等。

新零售是零售新业态的具体表现形式，是与传统零售业相对的商业经营形式，是"线上＋线下＋物流"模式的集中体现，实现了以消费者为中心的会员、支付、库存、服务等方面数据的全面打通。新零售的核心要义在于推动线上与线下的一体化进程，使线上的互联网优势和线下的实体店终端形成真正意义上的合力，从而完成电商平台和实体零售店面在商业维度上的优化升级。

在新零售领域内，线上商家可实现智能交易、智能支付、智慧物流、智能客服等功能，可以优化交易过程，线下通过建立"产品＋服务＋场景＋体验"四位一体的平台，了解不同消费者的购物需求，呈现"产品个性化、服务精细化、场景多样化、体验内容化"的新零售购物场景（见图2-1），实现以"人"为中心的消费体验。

图 2-1　新零售购物场景

1. 新零售业态的形式

新零售业态的形式主要包括即时零售、网络零售和整合零售三种。

（1）即时零售。即时零售是以即时配送体系为基础的高时效性送货到家的消费业态，属于典型的零售新业态和消费新模式。即时零售的主要特征是"线上下单，线下快速送达"，其供给高度依赖本地门店，即时零售业态的发展创造了更多的本地就业机会。

2020年之后，即时零售对实体经济的发展做出了更加重要的贡献。"线上下单，线下快速送达"的即时零售让大量实体小店从中受益，本地居民享受到更加便捷的服务。即时零售作为电子商务领域兴起的一种新消费模式，受到了国家的高度关注。从2022年起，国家在多个重要文件和报告中提及即时零售，不仅为即时零售界定了服务范围，而且对其衍生功能提出了要求，如表 2-1 所示。

表 2-1　国家涉及即时零售的相关文件

颁布时间	出处文件 / 报告	涉及即时零售相关内容
2022 年 2 月	《中共中央　国务院关于做好 2023 年全面推进乡村振兴重点工作的意见》	加快完善县乡村电子商务和快递物流配送体系，建设县域集采集配中心，推动农村客货邮融合发展，大力发展共同配送、即时零售等新模式，推动冷链物流服务网络向乡村下沉
2022 年 7 月	商务部《2022 年上半年中国网络零售市场发展报告》	明确提及了"即时零售"的概念，点出了即时零售在"线上线下深度融合"发挥的作用

通过线上线下渠道趋向深度融合，即时零售、无接触消费等新消费场景正加速布局并保持快速发展势头。县域经济是扩大内需的重要引擎，而即时零售对于不同类型县城的建设和发展具备有力的推动作用。随着即时配送品类扩张，即时配送需求、县域同城经济价值点被进一步挖掘。一方面，不管从实际销量还是经济价值来说，即时零售都是本地零售商的增量，是县域地区蓬勃发展的真实写照；另一方面，即时零售作为一种有效提振消费需求、盘活实体零售的新模式，本身融入县域发展之中，可激发本地消费潜力，吸纳人才回流，发展县域富民产业，从"促消费""稳就业""增活力"等方面加快推进以县城为重要载体的城镇化建设。

①即时零售的商业模式。即时零售商业模式分为平台模式即时零售和自营模式即时零售。即时零售平台不直接拥有商品，自身无自营的线下门店或者前置仓，而是通过建立线上交易撮合平台，吸引线下商家等实体门店入驻。由即时零售平台提供流量入口和配送物流支持，商品完全由入驻平台的线下商家所有，线下门店负责拣货打包，平台匹配配送员到店取货，最终送达消费者。

平台模式即时零售属于轻资产运营模式，一般依靠互联网生态，通常依托互联网将线下商家的商品和线上的消费需求链接，消费者下单后由即时配送员到附近商家取货，短时间内配送给消费者。此外，平台模式即时零售入驻商家类型较多，涵盖超市便利店、生鲜水果店、鲜花绿植店、甜点蛋糕店、书店、药店等多种类型的门店，平台可整合各类商品，满足消费者多品类的即时消费需求。

自营模式即时零售属于重资产运营模式，一般为平台在社区、商圈周边布局门店或前置仓，商品均为平台自营，消费者下单后，配送员取货并在 1 小时内配送给消费者。自营模式即时零售平台的商品一般直接在品牌商或供应商处采购，对商品的品控能力较强，大多数自营即时零售平台均自建配送团队，属于资金密集型投入，是重资产、重运营的模式。自营模式即时零售多出现在垂直零售行业，对商品和供应链的控制能力较强。

②即时零售的发展趋势。随着互联网行业的快速发展，网络零售的发展愈发成熟，线下零售小店等传统零售渠道受到冲击，且零售小店一般开在社区周边，主要消费人群为社区居民，具有空间的局限性，覆盖范围十分有限；即时零售不仅可帮助零售小店拓展线上销售渠道，助力零售小店实现线上线下全渠道零售，也可帮助零售小店覆盖更广范围的消费者。此外，零售小店规模小、数量多，以夫妻店为主，售货方式较传统，缺乏对消费者数据的直接掌握，数字化水平较低，无法准确判断消费者需求，而即时零售可依托技术能力和大数据优势，准确洞察消费者行为，不仅能够帮助零售小店选品，而且可以为小店提供消费者画像、消费需求分析等，助力零售小店精准触达消费者，帮助零售小店提质增效，赋能零售小店升级。

进入 21 世纪后，我国消费群体逐渐发生变化，现阶段"90 后""00 后"成为消费的中坚力量，新的消费群体更加成熟、独立和个性化，价值观也更加开放和多元，对个性化、舒适化、便捷化的需求日益提升。伴随着消费结构的不断优化，国内消费市场整体呈现出快节奏的状态，加快了消费者对 O2O 即时消费的认知和接受度，消费者的线上消费、即时性消费习惯逐步养成。作为一种满足多样化需求、助力本地零售小店增收的新业态，即时零售已经不再是一二线城市年轻人的专属，越来越多消费者将其作为一种新型且常态化的购物方式，实体零售小店也纷纷将其作为增收渠道。即时零售已经逐步走向成熟，并开始向三四线城市以及乡镇下沉渗透。

（2）网络零售。网络零售经过 1.0 到 4.0 阶段的发展，形成多种模式并存的格局。国内网络零售发展大致经历了四个阶段，如表 2-2 所示。

表 2-2　网络零售发展历程

时间节点	发展阶段	主要特征
1990—2000 年	1.0 阶段的 EDI 时代	1. 网络零售尚未形成规模，主要以电子商务 B2B 模式为主； 2. 电子商务平台主要是政府主导的，如中国电子口岸等； 3. 网络零售的主要形态是企业间的在线交易
2000—2008 年	2.0 阶段的互联网电子商务时代	1. 随着互联网的普及，网络零售开始进入大众视野； 2. B2C 模式开始兴起，如京东、淘宝等电商平台出现； 3. 网络零售的主要形态是个人消费者和企业之间的在线交易； 4. 在线支付与物流信息技术的普及

时间节点	发展阶段	主要特征
2008—2015 年	3.0 阶段的移动商务时代	1. 网络零售市场规模不断扩大，成为零售业的重要组成部分； 2. 网民规模快速增长，移动应用技术不断发展，并改变了消费者的购物习惯 3. O2O 模式开始发展，即时配送能力得到提升
2015 年至今	4.0 阶段的智慧零售时代	1. 网络零售市场进一步细分，出现了更多垂直领域的电商平台； 2. 社交电商、直播电商等新型电商模式兴起； 3. 网络零售的主要形态是个人消费者、企业和各种新型电商之间的在线交易； 4. 线上线下的边界将逐渐模糊，人工智能技术开始普及，以消费者体验为核心的服务型零售得到重视，AR/VR 购物及 C2B、B2B2C 等新模式得到进一步发展

网络零售多种模式并存的格局体现了零售行业的复杂性，不同的模式存在不同的优势和场景，需要零售企业根据情况进行选择和优化。

①线下实体门店仍是零售主体。近年来，我国网络零售市场发展持续向好，网络零售市场保持稳健增长，市场规模再创新高。中国互联网络信息中心（CNNIC）2024 年 3 月发布的第 53 次《中国互联网发展状况统计报告》显示，2023 年我国网上零售额达 15.42 万亿元，同比增长 11%，连续 11 年成为全球第一大网络零售市场。从社会零售总额的构成来看，近年来我国线上消费占比持续扩大，线上零售已逐渐成熟，但线下零售市场仍占据大部分市场份额，线下实体门店仍是零售主体，其线上化率仍具有较大提升空间。

②线上门店加速扩展销售渠道。目前，消费者线上需求不断增加，传统零售形态需加快数字化转型。从需求端来看，一些社会突发事件使线下消费尤其是生活必需品类受到较大冲击，外出不便的消费者纷纷通过到家业务、直播购物等线上场景进行消费。艾瑞发布的数据显示，生鲜水果、食品饮料、医疗保健等品类线上消费人群高速增长。就供给端而言，2020 年以来，线下门店加速拓展其线上销售渠道，加快数字化转型。总体而言，消费场景加速向线上转移，门店到家业务、数字化零售迎来发展新机遇。

新零售具有典型的互联网基因，其关键点在于对大数据的应用，这决定了互联网企业较传统实体零售企业在布局新零售中更具优势，因此，在实践中也表现出电子商务企业主导新零售的特征，具体来看新零售具有以下实践特征：

①新零售与传统实体零售开展战略合作，利用传统实体零售的优势开辟线下渠道，借助其市场尽可能降低风险，获取更多的资源。如国内互联网核心企业通过参股等形式密切、优化、协同了与传统实体零售企业的关系。

②新零售要尝试布局线下实体的关键在于深度融合"线上＋线下＋物流"，同时要特别注重对大数据的开发和应用。除了与线下实体零售企业的合作以外，线上也要主动布局线下实体，打通线上与线下，使两者深度融合，打造全渠道购物体验，因此电子商务企业的线下零售布局与传统的线下零售并不相同。

③新零售要以消费者体验为中心，满足消费者购物、娱乐、社交的多维需求，这是新零售布局的重要考量因素。

数实融合新视界

新型消费蓬勃发展

2023年，我国网络零售市场企稳回升，展现复苏态势。国家统计局的数据显示，2023年上半年全国网上零售额7.16万亿元，同比增长13.1%。其中，实物商品网上零售额6.06万亿元，增长10.8%，占社会消费品零售总额的比重为26.6%。

商务大数据对重点电商平台监测显示，2023年上半年全国网络零售市场主要呈现以下特点：

一是部分品类商品销售快速增长。2023年上半年，18类监测商品中，有8类商品增速超过两位数。其中，金银珠宝、通信器材同比分别增长33.5%和23.3%。

二是在线服务消费增势较好。2023年上半年，在线餐饮销售额同比增长27.9%。在线旅游产品和景点门票、在线文娱销售额同比分别增长272.4%和69.8%，2023年二季度比一季度分别加快156.6和50.6个百分点。

三是各地区网络零售持续向好。2023年上半年，我国中部、东部、西部和东北地区网络零售额同比分别增长16.1%、13%、11.5%和9.1%，2023年二季度比一季度分别加快4.8、4.4、4.6和5.4个百分点。

四是农村网络零售保持增长。2023年上半年，全国农村网络零售额达1.12万亿元，同比增长12.5%，2023年二季度比一季度加快3.7个百分点。其中，农村实物商品网络零售额1.02万亿元，同比增长11.3%。全国农产品网络零售额0.27万亿元，同比增长13.1%。

五是电商新业态、新模式彰显活力。上半年，重点监测电商平台累计直播销售额 1.27 万亿元，累计直播场次数超 1.1 亿场，累计直播商品数超 7 000 万个，累计活跃主播数超 270 万人。

（资料来源：经济日报，有改写）

（3）整合零售。零售产业链的整合业态是当前零售向新零售转型的重要方向，也是未来的趋势。随着新零售"人、货、场"的结合，新零售各产业链整合已经开始，新型供销合作社（简称供销社）便是其中的典型。

供销社是为农服务的合作经济组织，既是我国做好"三农"服务的重要载体，也是乡村振兴及共同富裕战略目标任务实现的重要载体。2021 年中央一号文件中强调，"深化供销合作社综合改革，开展生产、供销、信用'三位一体'综合合作试点，健全服务农民生产生活综合平台。"在市场经济中，基层供销社除了发挥保障农村地区物资供应、稳定物价的作用外，利用物联网、大数据、人工智能，供销社在货物资源、生产、分配、物流、销售等环节都依托大数据进行了全国统一管理，全链条进行资源整合，已经逐渐发展成一个包含物资流通、技术服务、农田托管等功能的综合服务中心。

新型供销社在运行过程中，有别于传统供销社的单一职能，它能起到以下服务"三农"的作用：

①组织农民。供销社有社会基础和组织基础，可以承担起组织农民的责任。供销社是农村最有效的组织形式，通常以乡村社区为基本单位，组建购销服务、生产服务、生活服务"三位一体"的综合合作社。供销社有合作文化基础，可以牵头领办合作社，也可以作为指导单位帮助农民建立规范的合作社。

②服务农民。拓展供销社经营服务领域，更好地履行为农民服务的职责是国家对供销社的基本要求，供销社始终把为农民服务放在首位。在农资供应、农产品流通、农村服务等重点领域和环节为农民提供便利实惠、安全优质的服务。在生产服务方面，供销社一般采取大田托管、代耕代种、股份合作、以销定产等多种方式解决"未来谁种地"的难题，为农民和各类新型农业经营主体提供服务，推动农业适度规模经营；在农资供应方面，供销社创新农资服务方式，推动农资销售与技术服务的有机结合，推广配方施肥、统防统治、耕地保护等实用技术，积极承担政府向社会力量购买的公共服务；在加工销售领域，供销社积极参与公益性农产品批发市场建设试点，逐渐建立独具特色的农产品加工企业，在产地建设农产品收集市场和仓储设施，在城市

社区建设生鲜超市等零售终端，形成从产地到消费终端的农产品市场网络。

③构建城乡社区综合服务平台。供销社是连接城市与乡村商品流通的纽带。在乡村，建立乡村社区便利店，方便农民购买农资和生活用品；在城镇，建设城镇社区生鲜农产品便利店，把乡村的农副产品直接送到城镇消费者手中，帮助生产者与消费者建立直接联系，逐步实现一些特色农产品的定制化生产，解决农产品难卖和农民增收问题。

④打通农村最后一公里。"打通农村最后一公里"能够充分体现供销社"补短板"的作用。农产品的上行下行都需要冷链，但由于农产品成本高、回收低，社会资本经营农村冷链的很少，供销社利用国家拨付的资金开展冷链建设，在田间地头建设冷库和冷链运输。供销社通过资源下沉，突出服务农村农民的属性，将政策、资金等下沉到基层社支持其发展。当下供销社正在整合物流，使其成为"第四物流"。许多物流公司在到达乡镇最后一级快递网点的时候，由于乡镇多山等原因，不会配送到每家每户。基层供销社直接在当地整合物流，各大快递公司将自己的快递送到供销社的仓储后，由供销社配送给居民或统一保管要求居民自取，既为快递公司节省了人力物力，也方便了偏远地区的居民。

2. 新零售业态的特点

新零售业态的特点包括生态性、无界化、智慧型和体验式四个方面。

（1）生态性。新零售的商业生态构建涵盖网上页面、实体店面、支付终端、数据体系、物流平台、营销路径等诸多方面，并嵌入购物、娱乐、阅读、学习等多元化功能，进而推动企业线上服务、线下体验、金融支持、物流支撑四大能力的全面提升，使消费者对购物过程的便利性与舒适性的要求得到更好满足，并由此增加用户黏性。当然，以自然生态系统思想指导而构建的商业系统必然是由主体企业与共生企业群以及消费者共同组成的，且表现为一种联系紧密、动态平衡、互为依赖的状态。

（2）无界化。企业通过对线上与线下平台、有形与无形资源的高效整合，以全渠道方式清除各零售渠道间的种种壁垒，打破经营过程中各个主体的既有界限，打破过去传统经营模式下存在的时空边界、产品边界等现实阻隔，促成人员、资金、信息、技术、商品等的合理顺畅流动，进而实现了整个商业生态链的互联与共享。依托企业的无界化零售体系，消费者的购物渠道变得分散、灵活、可变与多元，可以在任意时间、地点，以任意可能的方式，随时随地通过诸如实体店铺、网上商城、电视购物、直播平台、自媒体平台甚至智能家居等一系列丰富多样的渠道，进行全方位的咨询互动、交流讨论、商品体验、情景模拟、购买商品和服务。

（3）智慧型。新零售商业模式得以存在和发展的重要基础，正是源于消费者对购物过程个性化、即时化、便利化、互动化、精准化、碎片化等要求的逐渐提高，而满足上述需求则在一定程度上需要依赖智慧型的购物方式。在产品升级、渠道融合、客户至上的新零售时代，消费者经历的购物过程以及所处的购物场景具有典型的智慧型特征。例如，智能试装、隔空感应、拍照搜索、语音购物、VR 逛店、无人物流、自助结算、虚拟助理等图景都已经真实地出现在消费者面前并获得大范围的应用与普及。

（4）体验式。随着我国人民物质文化生活的不断丰富，人们的消费观念逐渐从价格消费向价值消费转变，购物体验的好坏成为决定消费者是否进行购买的关键性因素。在现实生活中，人们对某个品牌的认知和理解往往会更多地来自线下的实地体验或感受，而体验式的经营方式就是通过利用线下实体店面，将商品和服务嵌入所创设的各种真实生活场景之中，赋予消费者全面深入了解商品和服务的机会，从而触发消费者视觉、听觉、味觉等方面的综合反馈，在提高消费者参与感与获得感的同时，也使线下平台的价值进一步体现。

二、新发展格局下的零售业转型

目前，我国零售业的发展模式、环境、条件正在逐渐变化。在新发展格局下，零售业也存在着新的发展机遇，零售企业既可以运用互联网模式下的信息技术满足不同消费群体的偏好，发挥在国内市场的竞争优势，也能逐步进入国际市场。但同时零售业的发展也面临着诸多问题，零售企业应该明晰其优势与短板，并积极采取相应措施促进其高质量发展。

（一）新发展格局下零售业的机遇

零售业是流通体系的核心组成部分，作为循环能力的重要指标，它也是新发展格局下新动能的基础性力量。从零售业的角度来看，新发展格局的特点包括：一是形成强大的国内大市场，并具有流通循环的能力；二是形成连接国内国际商品市场的体系。因此，参与国内大循环和促进国内国际双循环的零售业在新发展格局下的主要机遇体现如下：

（1）在消费升级、社区化布局方面，新消费是第一推动力。未来的零售业要站在拓展国内市场消费需求和服务人民美好生活的前端，因此，深耕社区，贴近居民，才是零售业的价值来源。

（2）在技术升级、数字化零售方面，零售业的特点是数字化、智慧化，数字经济与实体经济深度融合。

（3）在服务升级、平台化经营方面，零售业的经营对象将越来越多地从商品销售转化为生活服务，纯粹以商品销售为主体的大百货、大超市将逐步失去生存空间，未来的商业场所将越来越多的是各种与生活消费服务相关的聚合体。

（4）在渠道升级、定制化链接方面，在人工智能和5G时代，随着渠道升级和反向定制成为常态，越来越多的由他人定义的中高端品牌将逐步消失，而由社群、小众以及个人自身定义的新品牌将越来越流行。

（5）在品牌升级、新国货打造方面，拥有广受欢迎的个人品牌或企业品牌，将引领新国货运动，成为下一轮竞争的着力点，这也是未来的新机遇。

（二）新发展格局下零售市场的发展要求

1. 传统零售业向数字化转型升级

在消费需求和技术升级的影响下，传统零售业需要向数字化转型。

一是传统零售业可以采用"云数据"系统，对于消费者及其所购买的商品的数据进行整合和分类加工，深度挖掘消费者的价值并创造附加值，以消费者的数据为生产要素，利用大数据信息分析不同消费者的偏好，进而智能化、动态化地提供产品，并采取差异化定制服务，满足不同消费者的需求，提高消费者黏性，打造特色品牌，提高品牌形象，强化自营能力，发展核心竞争力，实现行业的可持续发展，进而带动传统零售业的发展。

二是对于资金不充裕的传统零售业而言，它们可利用数字化技术，结合其发展现状和销售目标，推动线上线下融合发展，构建线上零售新场景。传统实体零售企业可以通过在线服务、直播售货、网络营销等渠道与消费者进行互动销售，并分享商品的使用心得，提升企业的供应链水平，实现跨界销售，从而大大降低了企业的销售成本，使得消费者获得满意的消费体验，进而发掘实体零售企业的潜力。

相对于线下实体零售企业给顾客提供商品或服务时所具备的可视性、可听性、可触性、可感性、可用性等直观属性，互联网企业往往难以提供真实场景和良好购物体验的现实路径。因此，在消费体验方面要远逊于实体零售企业。不能满足人们日益增长的对高品质、异质化、体验式消费的需求将成为阻碍互联网企业实现可持续发展的

"硬伤"。特别是在我国居民人均可支配收入不断提高的情况下，人们对购物的关注点已经不再局限于价格低廉等电商平台曾经引以为傲的优势，而是愈发注重对消费过程的体验和感受。因此，探索运用新零售模式来启动消费购物体验的升级，推进消费购物方式的变革，构建零售业的全渠道生态格局，必将成为传统互联网企业实现自我创新发展的优选途径。

2. 明确消费主体，采取差异化营销战略

在新发展格局下，传统零售业采用的是面对大众群体、无目标性的营销策略，商品种类繁多，但同质化严重，可代替性强。具有新消费理念的消费者群体是当前网络消费者的重要构成，传统营销策略无法有效激发这一群体的消费欲望，造成了商品的营销困难。因此，传统零售企业需要明确自己的消费主体，采取不同的营销策略。目前，消费者对产品的质量、性能、美观性和安全性均有较高要求，那么传统零售企业既可以在选品方面选择优质的国产产品，也可以向消费者提供优质的进口产品，在提升消费者满意度之余，让消费者有更多选择。

3. 灵活调整企业制度

进行适度扩张的新零售企业在面对未来的不确定性时，制定可以灵活调整的企业制度，将使企业走得更稳。比如，实行线上的规模化销售制度，可以批量清理货物，降低企业运营成本。零售企业也可以加强企业的供应链制度，使产品更高效地配送到消费者手中。对于规模较大的零售企业，可以推进连锁经营制度。因为连锁经营有利于产生规模效应，方便消费者购买和使用企业产品。同时，为保持连锁经营的活力，除了发展由公司总部直接经营和管理的直营连锁外，还要顺应市场需求，积极实行自由连锁、加盟连锁制度，并发挥连锁经营在品牌、融资、管理方面的优势，将该模式推向农村和社区，扩大市场空间，拓宽消费对象范围，把新型零售业的优势扩大。对于中小型零售企业，可以增加其行业整合度，提升经营规模。如经营互补品的零售企业进行联合销售，建立互相协同的供应链；也可以进行适度扩张，如与生产行业合并，在工厂制作生产完就直接通过线上销售，实现新零售的纵向一体化结构。

（三）新发展格局下零售市场的转型方法

1. 加大新基建投入，缩小城乡业态差距

新基建一般是指新型基础设施建设，主要包括 5G 基站建设、特高压、城际高速铁路和城市轨道交通、新能源汽车充电桩、大数据中心、人工智能、工业互联网七大领域。新基建为新零售的发展提供了必要的技术支撑。随着新基建技术效益的逐步外溢，由此引发的效率提升必将为新零售的发展提供坚实的技术支撑。以新基建中的 5G 技术和人工智能为例，由于数字经济对新零售的支持作用越发明显，而 5G 技术以低延时、大宽带、广连接的优势，成为数字经济时代的引擎。其三大应用场景中的 eMBB（增强移动宽带）依靠超高的传输数据频率、广覆盖下的移动性保证，可为智能手机、AR/VR 等新零售关键应用场景提供技术支持。对于人工智能而言，其应用层可为新零售的特定应用场景提供软硬件产品或解决方案，如智能收银、无人商店、智能配货、智能物流等智慧零售。

新基建涉及零售业态的诸多产业供应链，是实现新发展格局的重要技术支撑。大量三四线城市及广袤的农村地区是提升国内消费的主要动力，加大在三四线城市及农村的新基建力度，缩小城乡业态差距，是零售业转型的基本保障，疏通农产品上行及工业品下行流通困难问题亟须数字化、现代化的新型基础设施体系，以解决农村农产品流通的困难及社区"最后一公里"难题。

2. 以消费者需求为导向，供给端和需求端共同发力

我国众多中小型零售企业自 2020 年后数字化转型意识增强，但由于资金、技术等投入要素制约，零售业转型仍需以消费者需求为导向，供给端和需求端共同发力。不论零售业如何变化，其本质都是围绕"人、货、场"三种基本因素。一方面，零售企业要改变传统思维，深度分析消费者的需求结构变化，向线上线下深度融合的新零售模式转型，为消费者提供更好的消费体验，重构零售业消费新场景；另一方面，零售企业要依据当前的消费市场和自身能力，合理配置资源，做好顶层设计和模式搭建，清晰把握零售企业未来的发展方向。

3. 完善现代流通体系，为零售业转型发展提供有力支撑

生产和消费通过流通联系得更加紧密，推动分工深化，提高生产效率。例如，以生鲜产品为主要经营品类的传统零售企业，需要具备发达的配套物流运输体系，以实现商品的及时送达。因此，提升物流能力，健全现代化、智能化物流体系是传统零售企业实现数字化转型的路径之一。我国零售业的发展亟须建立健全现代化流通体系，推动新基建建设进度及与物流的深度融合，形成内外联通、安全高效的现代化物流网络。

4. 适应市场需求，提高供应链管理水平

首先，为适应国内消费升级和消费者需求结构的快速变化，传统零售企业要及时调整商品供应和组合策略。零售企业可以结合云计算和大数据技术精准捕捉消费需求变化，制定高效的供应链整合方案，为消费者提供更高水平的增值服务。同时，将消费者需求和体验融入企业供应链整合过程中，形成高质量的制造商、物流商和零售商三方的价值网络关系，进而实现产业间、企业间的信息有效交换。其次，依托数字技术积极获取数据资源，实现零售业全渠道供应链融合发展。电商领域的快速发展及其向其他产业的延伸为新发展格局提供了平台支持，提升了零售企业全渠道供应链整合的质量、效益和速度，打造零售业闭环生态圈，同时加强对上游供应链和下游供应链的控制，以大数据、云计算等高新技术对消费市场的数据进行实时传输和准确预测，提高供应链管理效率，实现线上线下全渠道供应链的融合发展，提高有效供给，满足消费者需求。

第二节　零售新业态市场增长策略

零售新业态增长策略的重要性体现在多个方面。首先，它可以帮助零售商适应快速变化的市场环境，满足消费者不断变化的需求。其次，增长策略有助于提高零售商的竞争力，通过创新和差异化服务，赢得更多市场份额。此外，有效的增长策略还能提升零售商的盈利能力，实现可持续发展。最后，增长策略有助于零售商建立品牌形象，提升消费者的认知度和忠诚度，为长期发展奠定坚实基础。

一、零售新业态市场渗透增长机会

微课：零售新业态市场扩张增长机会

零售新业态市场渗透策略的意义在于，通过深入了解目标市场和消费者需求，精准定位，将优质的产品和服务传递给消费者，提升品牌知名度和美誉度，从而增加市场份额和销售额。这种策略有助于零售商在竞争激烈的市场中脱颖而出。

（一）市场渗透

市场渗透是指利用零售企业现有的零售业态，努力开发现有顾客从而实现增长。这些机会可吸引当前目标市场中已有的但没有光顾过该店的顾客，采用新途径让已有的顾客更加频繁地光顾，或让他们一次购买更多的商品。简单来讲，市场渗透就是提升产品的市场占有率，或增加消费者忠诚度。

加强市场渗透的途径包括在目标市场开设更多的分店和延长现有店铺的营业时间。其他途径包括展示商品，增加消费者购买率，以及培训销售人员进行交叉销售。交叉销售是指借助 CRM（Customer Relationship Management，客户关系管理），发现现有顾客的多种需求，并通过满足其需求而销售多种相关服务或产品的新兴营销方式。例如，某客户购买一款手机，店员可以销售充电器给他。

数实融合新视界

超市里的新变化

近年来，随着城乡居民消费需求不断提升，对商品和服务的需求更高，超市产业链上下游新业态、新技术、新模式竞相涌现，持续为老百姓的品质生活添光添彩。

1. 仓储式会员超市走俏

与普通超市相比，仓储式超市在扩大购物空间、降低价格、推出自营商品、提升服务质量等方面发力，并采用会员制模式进一步增强消费者黏性。

2. 新型零售超市兴起

依托大数据、信息化、移动互联等数字化技术及高效的物流体系，打造线上线下一体化的新零售业态，将科技融入餐饮、物流、零售领域。即时配送、线上支付线下体验、随时购等互联网带来的一系列服务创新，助力"一刻钟便民生活圈"建设。

3. 精品进口商品超市流行

从欧洲名品到东南亚椰汁，从南美洲车厘子到北美洲龙虾……覆盖众多品类的优质、高档进口商品琳琅满目，让人们在家门口就能"购全球"，尽享"开放大门越开越大"的发展成果。

新需求催生新业态，新模式带来新发展。随着越来越多的消费者愿意为高质量商品与购物体验买单，可以预见，未来超市的业态将会更加丰富。无论业态如何变化，超市都要始终把商品和服务做好，打造品质好物和韧性灵活的供应链，以优质服务赢得回头客。

（二）新发展格局下零售新业态市场渗透战略

1. 加强行业整合，提升经营规模

零售企业的规模化对于企业降本增效有明显作用，主要表现在以下三个方面。一

是有助于实现供应链规模效应。零售业是连接供应端和客户端的桥梁，只有通过供应链规模效应带来高性价比的商品，才能够带来消费者满意度；二是有助于实现营销整合效应。不管是对消费者的需求分析，还是对消费者的广告宣传、促销联动，融合协同比分散独立的零售主体更容易形成竞争优势；三是有助于提升运营效率。

2. 数字化赋能，升级运营能力

在新发展格局下，零售企业通过数字化升级运营能力的重要性更为突显。近年来，随着 5G 的快速落地和人工智能的应用，数字化在驱动零售企业发展、创造新的消费场景中扮演着越来越重要的角色。零售企业借助数字化技术和工具，可以从以下方面实现运营能力的升级：一是优化企业运营效率，提高人效、坪效和商品的周转速度；二是利用大数据进行选品，实现柔性、精准的商品供应，提高物流配送的效率，降低供应链成本；三是搭建与消费者实时连接的有效方式，多维度触达目标消费者，利用大数据对消费者行为进行分析，了解他们的需求和偏好，提升用户运营的精细化程度，进一步降低获客成本，同时让消费者获得更好的体验和更多的便利。随着内需市场的不断扩大，数字技术已成为零售企业制胜的关键因素，通过数字化获取的消费者数据已成为零售企业绩效评价、品类调控和供应链优化的重要决策依据。

3. 建设品牌资产，发展自有品牌

品牌是一个复杂的符号，只有品牌在消费者心中占据一席之地，才能形成品牌资产。品牌资产能够对产品赋予品牌价值，对零售企业的商品销售和新产品导入市场具有重要意义。在新发展格局下，依靠国内广阔的内需市场、强大的制造业，以及先进的数字化、人工智能新技术，我国零售企业充分发挥品牌优势，发展自有品牌商品恰逢其时。自有品牌商品具有定制化、个性化、独有性的特点，可以有效避免商品的同质化，形成自己的经营特色，进一步提高消费者的忠诚度，与企业品牌形象相得益彰，相互促进。拥有较高比例自有品牌商品的零售企业在商品供应链、质量控制和商品定价上有更多的主动权，可以更好地控制产品成本，获得更高的销售毛利，形成更多层级的商品结构，提升应对行业竞争的能力。

4. 变革供应链，培育新消费增长点

在新发展格局下，随着消费市场的扩大，零售企业要全面提升商品的丰富度，就需要整合升级供应链体系，为提升商品竞争力保驾护航。

如今，消费者对个性化、高品质、高性价比的商品需求更高，市场需求的不确定性进一步增加，零售企业可以借助自身积累的大数据对用户画像、对消费者行为和用

户痛点进行分析，整合上游企业的供应链资源进行商品设计，增加商品品种，缩小生产批量，缩短交货周期，提升供应链响应市场需求的能力，用具有较高性价比的商品满足消费者需求，全方位满足不同人群的多元化需求，培育新消费增长点，挖掘更大的内需潜力。

5. 提升面向中等收入群体的消费能力

居民的收入水平直接决定了居民的消费能力，随着我国中等收入群体的扩大，零售业正在迎来国内消费结构升级的重大机遇，零售企业应重点关注如何满足中等收入群体这一主力消费人群的消费需求。

首先，中等收入群体对商品的质量、性能、美观性和安全性均有较高要求，但目前大量的无效供给无法满足他们的消费需求。零售企业应加大国产精品和进口商品的供给，满足人民群众对美好生活的向往。

其次，给予中等收入消费者更多人性化的关怀，优化消费环境，融合"文、商、旅"等各种业态打造消费场景，把中等收入群体潜在的消费需求真正释放出来。

最后，优化购物模式，加强物流网络的建设，及时满足中等收入消费群体在特定时间和空间范围内的消费需求，从而实现其高质量的消费体验需求，提升消费者满意度。

二、零售新业态市场扩张增长机会

（一）市场扩张

市场扩张是指将现有的零售业态用到新的细分市场中。零售企业必须在不同的市场上找到具有相同商品需求的顾客，往往商品定位和营销方法会有所调整，但商品本身的核心技术则不必改变。

如果市场上零售企业现有的商品已经达到饱和，没有进一步渗透的余地或者渗透效果不大，就需要利用现有商品设法开辟新的市场，以求市场范围不断扩大，增加销量。

（二）零售扩张战略

零售扩张战略具体可分为以下几种：

（1）区域性集中布局战略。区域性集中布局战略指在一个区域内集中资源密集开店，形成压倒性优势，以实现规模效应。这种布局战略对于消费者分散且区域性竞争不明显的便利店尤为适用。优点如下：降低零售企业的广告费用；提高零售企业的形象和知名度；节省人力、财力、物力，提高管理效率，降低运作成本；多品种、多批次、少数量，提高商品的配送效益。

（2）物流配送辐射范围内的推进战略。零售商考虑网点布局时，要先确定物流配送中心的地址，然后以配送中心的辐射范围为半径向外扩张。该方式有利于配送中心统一采购，集中配送。

（3）弱竞争市场先布局战略。弱竞争市场先布局战略即零售企业优先将店铺开设在商业网点相对不足的地区，或竞争程度较低的地区，以避开强大的竞争对手，站稳脚跟。需要注意的是：在网点不足、竞争程度较低的区域易被大型零售企业忽略，且租金低廉、开店成本低；要充分考虑物流配送能力和差异化需求，选择适销对路的商品。

（4）跳跃式布局战略。跳跃式布局战略是指在各大城市有价值的地区分别开设店铺，占领大区域市场，先不计成本，只考虑网络建设，对有前途的地区和位置先入为主，抑制竞争对手进入。此战略有两个好处：一是分散地理风险；二是在主要市场锁定一个理想地点，为经营模式的全面推广争取主动。

（5）收购兼并战略。收购兼并战略指采用资本运营方式，将现有的零售企业收购、兼并过来，再进行整合，使兼并企业能与母体企业融为一体。这种战略比较容易进入一个新市场，然而兼并过来的企业本身的组织结构、管理制度、企业文化与母体企业相差较大，还需要对其按母体企业的标准进行改造，有一个磨合阵痛期，这同样需要成本。

乐研好思

零售增长战略选择

假设你是一个运动品牌的市场部负责人，现在面临着下面四个场景：

（1）在现有市场售卖现有运动鞋；

（2）在现有市场推广新款运动鞋；

（3）把现有运动鞋投放到新市场；

（4）在新市场中推广新款运动鞋。

在这四个不同的场景中，你将会采用何种市场策略呢？

第三节　零售战略规划制定

一、零售战略规划的概念

零售战略规划是指导零售企业运行的总体计划或行动框架。企业制定零售战略的目的是建立零售竞争优势。在理想情况下，零售战略规划的有效时间至少要超过一年，规划中要明确零售企业的使命、目标、消费者市场、整体和具体的活动、控制机制等。如果零售企业没有明确而完整的零售战略规划，就可能无法应对市场的变化。

二、零售战略规划的作用

零售战略规划的作用具体体现在：①零售战略规划为零售企业确定业务主题和市场定位，使企业有明确的经营方向；②零售战略规划为零售企业找到竞争优势，确认市场机会，使企业加快发展速度；③零售战略规划使零售企业不断创新，适应环境变化，取得零售活动的主动权；④零售战略规划为零售企业内部各部门创造内在凝聚力，减少企业资源消耗。

三、制定零售战略规划的步骤

零售战略规划既可以由零售企业的所有者制定，也可以由专业的管理者来制定，或两者结合。制定零售战略规划的过程是一个层层分解的过程，它既提供了对不同类型零售企业业务需求的透彻分析，也勾勒出零售企业的目标。在制定零售战略规划的过程中，零售企业决定如何将自己与竞争对手区分开来，开发一种吸引大量客户的产品，并研究清楚相关的法律、经济和竞争环境。零售战略规划的制定过程如图 2-2 所示。

（一）环境分析

环境分析就是对一家准备开业的或现有的零售企业所面临的机会和潜在问题进行分析。这就需要回答两个普遍的问题：零售企业当前的状况怎样?企业将向哪个方向前进?对于零售企业而言，环境分析意味着规定和坚持组织使命，对企业组织结构进

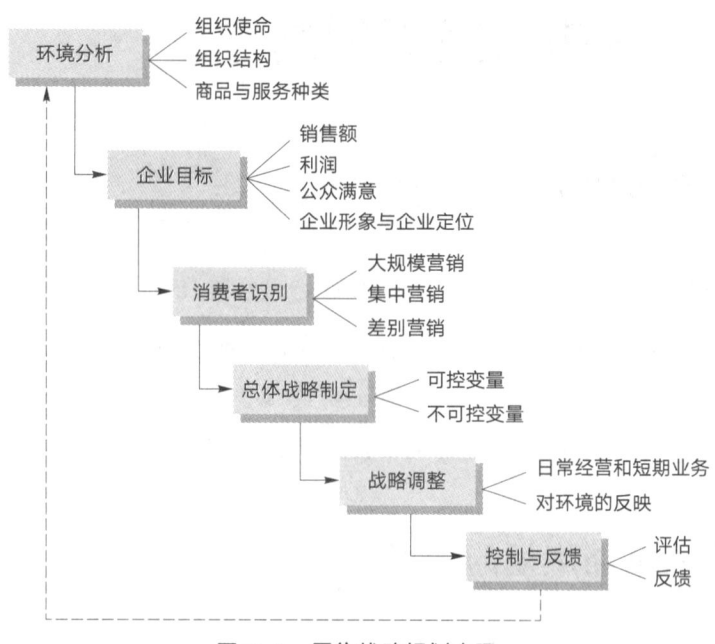

图 2-2 零售战略规划步骤

行评估，确定所经营的产品和服务的类别。

1. 组织使命

组织使命是零售企业承担的与行业类别和市场独特角色相适应的义务，它反映了零售企业对待消费者、员工、供应商、竞争者的态度。零售企业的组织使命决定企业必须做出一些关键决策：第一个关键决策为企业是以所出售的产品和服务为中心还是以消费者需求为中心；第二个关键决策为企业在市场上是充当领导者还是跟随者；第三个关键决策与零售企业的市场范围有关，大型零售企业通常寻求广泛的顾客基础，因为它们有较好的资源和品牌认知度，但对小型零售企业和大部分新创业企业而言，集中于一个有限的顾客群体通常是较好的选择，这样做能使它们更好地同大型企业展开竞争，因为大型企业一般不会采用适应本地市场的策略，而这正是小型企业的发力点。尽管确立组织使命是零售企业战略规划的第一步，但这不是一成不变的，零售企业应对组织使命不断加以评估和调整，以便反映零售企业目标和市场环境的变化。

2. 组织结构

（1）影响零售企业组织结构的因素。影响零售企业组织结构的因素很多，以下是一些主要的因素：

①企业规模。一般来说，小型零售企业通常采用扁平化的组织结构，大型零售企业则可能采取层级更加分明的组织结构。

②业务范围。业务范围广泛的零售企业可能需要更加精细的组织结构，以更好地管理各个业务部门。

③产品线。拥有多种产品线的零售企业可能需要根据不同产品线的特点来设计组织结构，以更好地协调和管理各个产品线。

④客户群体。如果零售企业的客户群体差异化较大，可能需要根据不同的客户群体来设计不同的组织结构，以更好地满足客户需求。

⑤市场竞争。市场竞争激烈的零售企业可能需要更加灵活的组织结构，以更好地应对市场变化和竞争挑战。

⑥技术应用。现代技术（如人工智能、大数据分析等）的应用对企业组织结构会产生影响，例如需要设立专门的数字化部门来负责这些业务。

⑦企业战略。企业的战略目标、扩张计划等会影响到组织结构的设计和调整。例如，采取多元化战略的企业可能需要更加灵活的组织结构来适应不同业务领域的需求。

（2）零售企业组织结构的分类。零售企业的组织结构可以根据不同的维度进行分类。以下是一些常见的分类方式：

①直线制。直线制是一种最早、最简单的组织形式。它的特点是企业各职能部门负责人直接受企业领导管理。这种组织形式适合小型零售企业，但对于大型零售企业来说，由于管理幅度较大，容易导致管理混乱。

②职能制。职能制是在直线制的基础上发展起来的组织形式。它的特点是实行专业分工，每个部门负责人负责一项专业工作，同时向企业领导汇报工作。这种组织形式适合大型零售企业，能够提高管理效率和管理质量。

③直线职能制。直线职能制是一种结合了直线制和职能制的组织形式。它的特点是实行专业分工和集中指挥相结合，能够充分发挥各级管理人员的职能作用。这种组织形式适合大型零售企业，能够提高管理效率和管理质量。

④事业部制。事业部制是一种分权制的组织形式。它的特点是按照产品类别、地区或客户群体划分成若干个事业部，每个事业部都有自己的经营权和财务权。这种组织形式适合大型多元化零售企业，能够提高各事业部的积极性和创造性，有利于零售企业的整体发展。

⑤矩阵制。矩阵制是一种较为灵活的组织形式。它的特点是同时接受多个上级的指挥，能够适应不同的工作任务和外部环境变化。这种组织形式适合大型零售企业，能够提高零售企业的适应性和竞争力。

3. 商品与服务种类

在制定零售企业战略规划之前，零售企业首先必须明确经营的商品和服务种类的组合，即公司的业务领域。对大多数零售企业来说，在明确一般商品和服务类别的同时进一步确定其具体定位是必须的。

在新发展格局和新零售发展的背景下，零售企业选择从事的行业时，还要进一步考虑经营者个人能力、企业或个人的财务资源、市场规模和市场潜力等因素。

（二）企业目标

在进行形势分析之后，零售企业需要确定企业目标，即企业希望达到的长期和短期绩效标准，这有助于形成零售战略规划，并将组织使命转变为行动。零售企业可以追求一个或多个目标，包括销售额、利润、公众满意度和企业形象等。明确地定义企业目标并制定实现目标的零售战略规划的企业，成功的机会就会大大增加。

1. 销售额

销售额目标与零售企业所销售的商品和服务的数量直接有关。增长率、稳定性和市场份额是零售企业追求的最普通的销售目标。销售目标可以用金额和实物单位两种形式表示。一些零售企业将增长率作为优先目标，因此，扩大经营使他们较少重视短期利润。稳定性是许多零售企业追求的目标，销售额的稳定性对零售企业至关重要，如果销售额的波动过大，将会影响零售企业的可持续发展。市场份额通常是大型零售企业或零售连锁店追求的目标。

2. 利润

利润是就盈利能力目标而言的，零售企业在既定时期内（通常为一年）至少应达到最低利润水平。利润可以用金额或销售额百分比两种方式表示。在土地、建筑和设备方面拥有大量资本投资的零售企业常常设立投资回报率（Return on Investment, ROI）目标。投资回报率描述的是企业利润和资本项目投资之间的关系。

3. 公众满意

零售企业面对的公众包括股东、顾客、供应商、员工和政府等，零售企业的使命要求企业努力使这些公众满意。对于任何公开上市的零售企业来说，股东满意是一个关键目标。顾客满意是目前大多数零售企业所追求的目标，在当今充满竞争的市场环境中，"商品出门，概不退换"的政策是行不通的，零售企业必须要留意消费者的批评并做出调整，如果取悦了顾客，其他目标也会更容易实现。良好的供应商关系也是一个关键目标，如果要获得优惠的采购条款、新产品、良好的退货政策、快捷的运输与合作，零售企业必须了解供应商，并与他们协同工作。真诚的员工关系是另一个零售企业绩效的重要目标，良好的员工士气意味着低缺勤率，能够更好地接待顾客，人员流动性较低，员工关系可以通过有效的选拔、培训和激励加以改善。理解和适应政府的政策也是零售企业的重要目标，零售企业要理解和适应政府的政策，需要密切关注政策动向、理解政策意图、配合政策执行、反映企业诉求，只有这样才能促进企业的发展。

4. 企业形象与企业定位

企业形象代表了消费者对某一零售企业的认知。一家零售企业可能被认为是富于创新的或保守的、经营专业化的或广泛的、折扣导向的或经营高档商品的。成功树立企业形象的关键是使消费者按照零售企业希望的方式来认知企业形象。

企业定位是零售企业针对其零售类别和竞争对手设计的，表明其形象并使消费者对这种形象有所反应的战略。近年来，流行两种对立的企业定位理念：大规模销售和占位零售。大规模销售的特点是零售企业传递折扣或价值导向的形象，提供宽而深的商品组合和大型商店设施。这些零售企业希望吸引广泛的顾客市场，形成高客流量，从而产生更高的商品周转率。占位零售是零售企业首先识别顾客细分市场，然后运用独特的策略去满足这些细分市场的需求。占位零售可以创造较高的顾客忠诚度，并保护零售企业免受一般竞争者的压力。大规模销售和占位零售这两种定位理念都很流行，这意味着走中间道路的零售企业的衰退，中间道路既没有价格竞争力，也没有独特个性，还可能会遇到激烈的竞争。

（三）消费者识别

零售企业希望吸引和满足的客户群体被称为目标消费者，掌握目标消费者的特征和真实需求是零售企业的战略目标。在选择目标消费者的过程中，零售企业一般采用三种方法：①大规模营销，指的是向范围广泛的消费者销售商品和服务；②集中营销，指的是对特定的消费者提供商品和服务；③差别营销，指的是目标定位在两个或两个以上独特的消费者群体，并针对每一个群体采用不同的零售策略。

只有明确了目标消费者，零售企业才能确定适当的竞争优势并制定战略组合。零售企业对消费者行为有很好的了解，有助于其选择正确的目标市场并满足顾客需求。

（四）总体战略制定

在以上工作都完成后，零售企业可以制定深入的总体战略。这涉及两个方面：企业可以直接施加影响的领域和企业只能被动适应的领域。前者称为可控变量，后者称为不可控变量。企业制定总体战略的时候，必须牢记这两类变量。使用恰当的信息会对零售企业把握和预测可控变量和不可控变量的影响提供较大的帮助。

1. 可控变量

可控变量包括门店位置、业务管理、商品管理与定价、顾客沟通四个方面。

（1）门店位置。零售企业需要就商店位置做出决策，这个变量在传统商业领域涉及的是线下店铺的选址，在新商业领域还涉及线上平台的选择。在考察门店位置时，首先要决策的是采用门店形式还是无门店形式（如网络销售）。其次，对于采用门店形式的零售企业，是选择一般位置还是特殊位置。在选择门店位置时，竞争者、交通状况、人口密度、附近商店的类型是否靠近供应商、客流和门店建筑结构都是必须考虑的因素。

（2）业务管理。业务管理包括三个主要方面：零售企业组织结构、人力资源管理，以及运营管理。零售企业组织结构决定了其任务、政策、资源、授权、责任和报酬的大体情况。人力资源管理包括员工的雇佣、培训、补偿、监督等业务，还包括岗位详细描述与职责范围确定、划分全体员工的责任及传达指令的流程。运营管理要求高效率地执行满足顾客、员工和管理人员目标所必需的任务。业务管理的其他方面包括确定门店形式和规模、人员使用、商店维护、能源管理、门店安保、保险、信用管理、数字化和危机管理。

（3）商品管理与定价。在商品管理过程中，零售企业应确定商品和服务的一般质量，做出有关商品组合宽度（所经营商品大类的数量）和深度（在某一商品大类中的经营品类数量）的决策。关于定价，零售企业应确定与企业形象、商品和服务质量相适应的价格范围。

（4）顾客沟通。在顾客沟通方面，零售企业要做好顾客沟通，就需要建立良好的沟通机制，倾听顾客的需求，提供专业的建议和解决方案，积极回应顾客的反馈，建立良好的客户关系，运用多种沟通方式，不断改进沟通效果。这些措施能够提高顾客满意度和忠诚度，促进企业的长期发展。

2. 不可控变量

不可控变量包括顾客、竞争、技术、经济环境、季节性和法律限制。

①顾客。零售企业不能改变人口统计趋势或人们的生活模式，也无法影响顾客偏好或者强迫人们购买自己的商品和服务，更无法限制竞争者进入。企业会研究目标市场，形成与顾客偏好和要求相一致的战略。②竞争。愈演愈烈的竞争将导致零售企业重新审视其目标市场和经营重点等战略，以确保竞争优势。③技术。技术能够给零售企业带来竞争优势，但先进的技术费也意味着昂贵的投入。④经济环境。无论零售企业多大，经济环境都超越了其控制，就业情况、利息率、税收水平和每年的国内生产总值都是零售企业必须面对而又无法改变的经济因素。⑤季节性因素。某些零售企业还面临商品和服务的季节性因素、不可预测的天气情况破坏销售规划的可能性。⑥法律限制。零售企业还要面对业务所处国家和地区的法律限制。

有远见的零售企业会密切关注外部环境的变化并调整其战略的可控制部分，以应对那些他们难以控制的因素。到这个阶段，零售企业已经完成了零售战略规划的设计。上述因素必须相互协调以形成一个一致、统一的战略，并且系统地考虑消费者、竞争、技术、经济环境、季节性和法律限制等不可控变量。

（五）战略调整

对于企业战略规划中的每一个可控部分，零售企业都会做出短期决策，这些行动被称为策略，它包括零售企业的日常经营和短期业务。零售企业必须对无法控制的环境做出反应，在商店位置的选择方面，零售企业可以分析商圈吸引客流的地理区域，新开分店的选址也需认真决策；在业务管理方面，从高层经理到基层员工之间必须有清晰的指令流程，采用系统的运营程序，必要时需进行调整；在商品管理和定价方面，既要反映零售企业形象和目标市场，也需要采取适应性行动来应对供应商价格上涨，并对竞争对手的价格调整做出反应；在客户沟通方面，门店布局和展示有助于提高消费者的热情，呈现新的面貌。"逆水行舟，不进则退"，优秀的零售企业要建立健全的零售战略规划，在不断前进的过程中对其进行调整，以适应环境的变化。

（六）控制与反馈

在控制阶段，零售企业应该对零售战略规划进行全面审查。对于已经制定和实施的战略和战术，应根据零售企业的使命、目标和目标市场进行再评估，这个过程被称为零售审计，它是一种分析零售企业业绩的系统过程。在评估业绩时，零售企业的优势和弱势也会暴露出来。零售战略规划中运行良好的方面需继续保持，运行欠佳的方面则必须进行调整，使之与企业的使命、目标和目标市场保持一致。

在战略的每一阶段，零售企业接收到的各种信号或提示被称为反馈，它关系到零售战略规划的成败。积极的反馈包括较高的销售额和较低的员工流失率，而消极的反馈则包括较低的销售额和较高的员工流失率等。零售管理人员应寻找正面和负面的反馈，以便阻止意外情况的发生，先找到负面评价产生的原因，然后利用机会纠正偏差。

调查研究与善作善成

生鲜零售企业市场增长战略调研

调研背景

我国生鲜零售企业的销售渠道主要分为线上渠道和线下渠道。其中，线上渠道有电商平台、前置仓、社区团购等；线下渠道包括菜市场、传统商超、社区生鲜店等。现阶段生鲜零售渠道正朝多元化方向发展，不同渠道有各自的优劣势。

调研步骤

（1）每 4～6 人为一组，其中一人担任组长，组员根据任务需要进行分工合作。

（2）结合当地实际，选择至少三家生鲜企业作为调研对象。

（3）利用课余时间，深入线下零售渠道实地考察，了解其市场现状和顾客策略。

调研要求

（1）通过上网查阅资料和发起线上调查问卷等形式，分析生鲜企业的市场增长战略及优缺点，形成本地生鲜零售企业市场增长战略报告。

（2）各组汇报调研结果，每组限时 15 分钟，并由任课老师和其他小组进行评价。

学习检测

一、单项选择题

1. 以下选项中不是影响零售企业目标市场策略的因素（　　）。

    A. 产品特点　　　　　B. 竞争企业　　　　　C. 市场需求　　　　　D. 产品生命周期

2. 竞争者采用无差异市场营销策略时，本企业选用（　　）策略或集中市场营销策略更容易发挥优势。

    A. 差异市场营销　　　B. 无差异市场营销　　C. 国际化市场营销　　D. 低价促销

3. 某公司用同一产品除巩固原有老顾客外，争取更多的新顾客购买，该公司实施的这种战略称为（　　）战略。

    A. 市场渗透　　　　　B. 产品延伸　　　　　C. 市场扩张　　　　　D. 多元化

4. 企业通过一定的手段使现有市场的顾客增加购买量，从而寻找新的市场机会的方法是（　　）。

    A. 市场扩张　　　　　B. 市场渗透　　　　　C. 产品开发　　　　　D. 多种经营

5. （　　）通常是大型零售企业或零售连锁店追求的目标。

    A. 销售额　　　　　　B. 增长率　　　　　　C. 市场份额　　　　　D. 价格

二、多项选择题

1. 新零售业态的形式包括（　　）。

    A. 即时零售　　　　　B. 网络零售　　　　　C. 整合零售　　　　　D. 实体零售

2. 零售地理扩张战略包括（　　）。

    A. 区域性集中布局战略　　　　　　　　B. 物流配送辐射范围内的推进战略

    C. 弱竞争市场先布局战略　　　　　　　D. 跳跃式布局战略

3. 零售业在新发展格局下的主要机遇体现在（　　），以及品牌升级、新国货打造方面。

    A. 消费升级、社区化布局方面　　　　　B. 技术升级、数字化零售方面

    C. 服务升级、平台化经营方面　　　　　D. 渠道升级、定制化链接方面

4. 零售企业制定总体战略时的可控变量有（　　）。

    A. 门店位置　　　　　B. 业务管理　　　　　C. 商品管理与定价　　D. 顾客沟通

5. 零售企业战略规划的目标包含（　　）。

    A. 利润　　　　　　　B. 销售额　　　　　　C. 公众满意度　　　　D. 形象（定位）

三、判断题

1. 市场渗透就是提升产品的市场占有率，或增加消费者的品牌忠诚度。 （   ）

2. 区域性集中布局战略即零售企业优先将店铺开设在商业网点相对不足的地区，或竞争程度较低的地区，以避开强大的竞争对手，站稳脚跟。 （   ）

3. 多国化战略是指零售企业根据所在国的市场状况在分公司中建立行之有效的不同于母公司经营模式的战略。 （   ）

4. 处在不确定的环境中的企业，就算没有好的计划，也不意味着会对突如其来的变化不知所措。 （   ）

5. 对于零售企业而言，环境分析意味着规定和坚持组织使命，对所有制和管理模式进行评估，确定所经营的产品和服务的类别。 （   ）

第 三 章

零售用户思维

学习目标

素养目标

■ 深入理解用户思维，培养以人为本、顾客至上的理念

■ 通过构建零售用户画像，践行"美好生活"的价值目标

■ 深入剖析消费者购买行为，培养理性消费

知识目标

■ 了解用户思维的内涵

■ 熟悉以用户为中心的零售新业态

■ 了解用户细分的内涵

■ 掌握用户画像的定义及构建流程

■ 掌握消费者购买决策过程

■ 了解影响购买行为的因素

技能目标

■ 通过对用户思维内涵的理解，建立以用户为中心的零售思维

■ 通过对用户细分的深入理解，构建用户画像

■ 通过对消费者购买行为的分析，洞察消费过程的规律性

思维导图

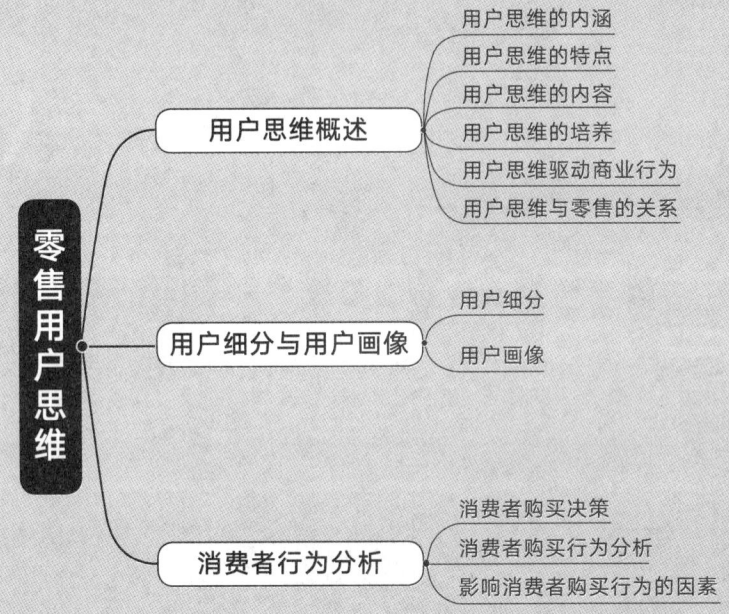

零售用户思维

- 用户思维概述
  - 用户思维的内涵
  - 用户思维的特点
  - 用户思维的内容
  - 用户思维的培养
  - 用户思维驱动商业行为
  - 用户思维与零售的关系
- 用户细分与用户画像
  - 用户细分
  - 用户画像
- 消费者行为分析
  - 消费者购买决策
  - 消费者购买行为分析
  - 影响消费者购买行为的因素

学习计划

- 素养提升计划

  _____

  _____

- 知识学习计划

  _____

  _____

- 技能训练计划

  _____

  _____

案例导入

坚持以消费者需求为中心打造产品

小罐茶是在互联网思维、体验经济背景下应运而生的一家现代茶业品牌。小罐茶用创新理念，以极具创造性的手法整合中国茶的行业优势资源，联合六大茶类的八位制茶大师，坚持原产地原料、大师工艺、大师监制，独创小罐保鲜技术，共同打造大师级的中国茶。小罐茶在不到 10 年的时间，一跃成为中国高端茶的代表。它是如何运营的呢？小罐茶的产品逻辑是：让茶更"懂"消费者。

茶给年轻人的印象是长辈茶缸子里的故事，慢条斯理地喝茶是中老年人的"专利"。"老气横秋"仿佛成为茶的代名词。难道茶就不能"年轻化"吗？如果不能的话，为什么手捧一杯奶茶会成为时尚？人们常说，年轻人不懂茶，其实是茶不懂年轻人。

中国人的语境中有三种"茶"：柴米油盐酱醋茶、烟酒茶、琴棋书画诗酒茶。柴米油盐酱醋茶是生活必需品，烟酒茶是消费品，琴棋书画诗酒茶则是文化产品。在不同的生活场景中，茶扮演的角色差异很大。柴米油盐酱醋茶中的茶是一杯"饮品"，烟酒茶中的茶是一杯"瘾品"，而琴棋书画诗酒茶中的茶则是一杯"玩品"。然而，市场上没有一个茶叶品牌，可以同时兼顾这三种生活场景。

为了解决这个问题，小罐茶的做法是：时刻运用消费者思维，打造特色鲜明的品牌，研发适销对路的产品。关于如何进行品牌化，小罐茶分别从品牌、产品、渠道、推广、文化和简单化六个方面进行了探索。

品牌的最终目的是缩短消费者的决策时间。品牌具有"三感"：第一，物质感，即产品的质感，品质是一个品牌最重要的基础；第二，美感，这是消费者在使用和体验过程中产生的愉悦的感受；第三，情感，这是在生活方式和价值观层面，赋予消费者以引领和启迪，与消费者产生情感共鸣。

在产品逻辑方面，小罐茶基于人群、需求和场景三个层面进行了思考。人群指"茶小白""茶习惯""茶翘楚"，需求分别为买、喝、送，场景分别是招待、自饮、移动。以消费者需求驱动产品研发，并持续投入，从而形成核心竞争力。

渠道模式的探索是产品品牌化过程中的必要环节。目前，茶叶的主要流通渠道有茶城、专卖店、烟酒店、商超和便利店，但渠道潜力有待进一步发掘。渠道模式的变革迫在眉睫，只有探索出符合这个时期、符合中国国情的渠道，才有可能在茶行业中实现大品牌的梦想。

有的放矢的精准推广是品牌有效传播的重要途径。所有品牌都需要广而告之。茶若想变得"年轻化"，势必要向快消品转型，快消品离不开规模化的持续推广。受众人群越广，越需要广而告之，推广模式是所有茶品牌躲不开的问题。

品牌对文化最好的传承是创新。当人们谈论茶文化时，一定会提及传统茶文化。文化必须要适应年代发展进行改造。只有这样，茶文化才能紧紧地拥抱每一个时代，不被时代抛弃。

在深度变革的时代，小罐茶站在了茶文化的潮头，在创新中传承茶文化，形成创新茶品牌的前进态势。而中国茶也终将开启深度变局，迎来不断升级。

引思明理

　　小罐茶是在互联网思维、体验经济的背景下应运而生的。它之所以可以迅速崛起，更多是以消费者的目光来看待茶。小罐茶为了更好地服务消费者，对全域消费者进行全面洞察，以消费者思维开拓市场，和消费者保持同样的认知、习惯和情绪，理解消费者的使用场景，针对消费者特定化、年轻化的需求，为消费者提供有针对性的服务，以实现小罐茶全域消费者数量增长。

谚语：
己所不欲
勿施于人

第一节　用户思维概述

一、用户思维的内涵

思维是在对感性材料分析的基础上，概括出事物的本质和规律。间接性和概括性是人的思维过程的首要特征。用户思维是指站在用户角度来思考问题的思维方式，是用户对商品本质特征间接、概括的反映。

用户思维是以用户为导向的，而不是以产品为导向的。零售企业要知道用户最想要的是什么，最需要的是什么。著名的4Cs理论就是以顾客（用户）为中心，包括顾客（Customer）、成本（Cost）、方便（Convenience）、沟通（Communication）四个方面，抓住了这四点，就可以简单地理解用户思维。

企业必须首先了解和研究顾客，根据顾客的需求来提供产品和服务。同时，企业向顾客提供的不仅是产品和服务，更重要的是获得由此产生的客户价值，即在给顾客提供产品和服务的过程中，考虑顾客是谁，他们的真实需求是什么，要去深度理解顾客。其实，顾客并不在乎产品到底是什么、有多好，他们只在乎这种产品或服务能不能满足自己的需求。

成本，不但是指企业的生产成本，而且包括顾客的购买成本。企业要从用户角度去节约成本，这些成本不仅包括显性成本，还包括隐性成本。其中隐性成本很容易被忽略，比如用户耗费的时间、精力、体力等。在消费升级的大环境下，用户在乎的成本已逐渐由显性成本转变为隐性成本。外卖平台的崛起就是很好的例子，虽然外卖平台商品或服务的均价比到店消费贵一些，但它替用户节省了很多隐性成本，因此受到用户的喜爱。

方便，是指为顾客提供最大的购物和使用便利。4Cs 理论强调企业在制定分销策略时，要更多地考虑顾客的便利，而不是企业自己的便利。要通过好的售前、售中和售后服务来让顾客在购物的同时享受到便利。便利是获得客户价值不可或缺的一部分。如今市场竞争愈加激烈，顾客的品牌忠诚度越来越低，方便是影响他们做出购物决策极为重要的因素。例如，在价格、品质相差无几的情况下，大部分消费者都不会花费更多的时间去找某一家店。

沟通，是指企业应同顾客通过积极有效的双向沟通，建立基于共同利益的新型客户关系。这不再是企业的单向营销策略，而是在双方的沟通中找到能同时实现各自目标的路径。

二、用户思维的特点

（一）把用户当朋友

用户思维是一种触动思维，是把每一位消费者都视为自己的朋友，而产品或服务是他们之间建立联系的唯一媒介。

（二）让产品超越用户预期

用户思维是一种信任和认可，让消费者产生共鸣只是第一步。如果想让消费者成为忠实的用户，还需要赢得用户足够的信任与认同。而要赢得用户的信任，就必须要

动画：用户思维的内涵、特点和内容

超出用户预期，既要满足用户的需求，又要提供良好的产品或服务体验。

（三）体现社群运营思维

用户思维是一种社群运营思维，就是通过不断的经历，让用户从关注变为感兴趣，然后成为粉丝，最后形成社群。

三、用户思维的内容

从新零售的角度来说，用户思维的内容有以下三个方面：

（一）研究用户心理

从心理学的角度来说，人们最容易关注到的是与自身利益直接相关的那部分信息，比如免费、省钱、打折、让利等关键词。因此，只有用户提供直接利益，才能在用户中形成良好的口碑。

（二）分析用户需求

只有用户才知自己需要什么，只有经过用户的检验，产品才更具有生命力。产品越早一天上市就意味着离满意的结果更进一步，这是因为企业可以由此早得到反馈、早做出正确的决定、早对产品进行迭代升级。

（三）引导用户参与

用户只有在被引导后才能真正参与企业决策，创造出良性传播效应。这是由网络的交互性和互惠性决定的。只有将网络上的每个节点都关联起来，才能发挥其整体作用。

四、用户思维的培养

（一）站在用户角度思考问题

不论在哪个行业，企业要明确自己的思维与用户的思维是有差别的。零售企业要在实际工作中多站在用户的角度去思考问题，以用户的思考方式和行为习惯设计和运营产品的各个环节。

（二）多与用户沟通

用户思维不是企业的主观思维，与用户沟通是培养用户思维的重要方式。企业在沟通的过程中要通过观察和思考，仔细分析产品在用户的使用中设计得是否得当，是否真正能满足用户需求。

（三）体验产品的各种使用场景

产品在市场上是否有较高的认可度，是否能被广大用户接受，不是企业只凭主观臆想就能了解到的；企业要在产品的各种使用场景中体验，在体验过程中收集用户反馈的各种问题，以便为企业在产品迭代升级的过程中提供正确的方向。

（四）通过调研和回访了解用户

零售企业往往大部分时间花在运营和推广方面，与用户沟通和体验产品的时间往往有限，因此用户调研和回访便成为培养用户思维的重要途径。做回访一般需要花费用户一定的时间，而用户也没有义务配合，因此在设计用户调研和回访时，以奖励的形式来进行会取得更好的效果。而如何设计调研和回访问卷，要根据被调研人群、需求和调研目的展开，同时还要尽量控制调研和回访的内容和时间，以提升效率为目标。

五、用户思维驱动商业行为

从大趋势上来看，市场上供大于求，用户主动找产品的时代已经过去了，要想在流量红利消失的时代继续保持增长，就一定要重新思考用户和产品的关系。那么，如何将用户思维践行到产品中，真正驱动商业行为呢？

（一）在现有的思考维度中加入并强化用户维度

产品连接的是商业诉求与用户需求，这是用户驱动思维的基础，就像企业在运营中用到的用户体验地图、服务蓝图和用户测试，其实都是以用户视角为主线来挖掘现有产品中可能存在的问题和机会。比如，为什么沉寂多年的故宫在一夜之间成了网红景点？这两年，它用年轻人喜欢的轻松诙谐的风格展示了自己的魅力，迅速吸引了大批年轻人的关注，在人群中形成了快速的主动传播和口碑积累。这就需要在产品或服务设计过程中，以用户为中心，从用户角度出发，考虑他们的需求和体验；从用户体验出发，研究用户的行为和习惯，并基于这些信息设计符合用户使用习惯的产品或服务。

（二）深入理解、洞察目标用户群

要理解目标用户群，可以通过他们的生活方式、价值观和态度、行为和喜好，把用户的共性与特点找出来，从而洞察其潜在需求。

（三）建立同理心，成为用户的代言人

同理心就是要换位思考，去理解用户的言语和行为，并注重感知用户的情绪、情感和思维方式，理解用户背后的动机和角色化身份，增强用户感知力，培养用户需求敏感度。只有这样才能服务好用户。

（四）挖掘出全新的场景去激发需求

在零售企业运营过程中，不仅要找到用户的现有需求，还要挖掘出全新的场景去激发需求。在实际运营中，要构建新的场景，首先就要找到一个可以激发用户需求的突破口。这就要求零售企业分析消费者的购买偏好，并根据消费场景创新业态模式，打造创新性的消费场景，增强用户体验并持续改进。

（五）让产品与用户产生情感共鸣

要通过用户驱动思维做出有温度的好产品，就要关注用户的情绪，让产品与用户产生情感共鸣。优秀的广告和营销，都是直指人心的，可以瞬间激发用户的情感共鸣，使用户对其产生深刻的印象与好感。从产品和品牌层面来说，零售企业要用有温度的产品呈现出的价值观去打动用户。

比如，饿了么在点餐流程中增加了"不要餐具"这个细节，也是出于环保的考虑；B站坚持不在视频中加贴片广告，坚持提供良好的使用体验，反过来让B站的用户更加忠实。企业要了解什么是能触动用户的，通过内容、功能甚至价值观，赋予产品人格魅力，做有温度的产品。

六、用户思维与零售的关系

随着信息技术和互联网的发展，中国的零售业面临着数字化转型升级，正逐步形

成更高效的、实体经济和数字经济无缝对接的新零售业态，新零售不是单一的实体商业，也不是单纯的电子商务，而是多种商业形态的复合体，即实体店和电商平台有机融合而成的一种新商业形态。

不管是新零售还是传统零售，其本质其实并没有太大的区别，目的都有以下两点：一是始终满足用户的购物需求、社交需求和娱乐需求；二是满足商家自身的盈利需求，实现社会效益和经济效益最大化。

零售的本质始终是不变的，变的是用户在不同的时间、地点中所具有的消费特征。因此，零售企业需要重新审视企业与用户的关系。

（一）新零售背景下用户消费特征的变化

随着新的消费需求层出不穷，用户的消费需求趋于成熟化和个体化，消费特征有了以下变化：

1. 用户更懂得产品鉴别

在互联网时代，用户能够掌握更多的信息渠道，相比于传统的营销方式或者广告效应等，消费者更愿意在已有渠道事先了解后再做购买决定。各种视频网站、社交媒体、产品评论等为用户提供了更多的产品信息，也赋予用户更多的信息挖掘能力。

2. 用户对品牌越来越重视

如今用户的品牌观念较强，在购物时会选择相对固定的品牌，且不会轻易改变。品牌价值是新零售时代的关键，在过去用户可能只关心如何以低价格买下产品，如今用户愿意支付更多的费用来购买自己心仪品牌的产品和服务。

3. 个性化消费趋势明显

个性化消费趋势成为零售企业吸引用户的重要手段，零售企业能够根据用户的消费行为、历史记录、购买喜好等为用户提供个性化定制服务。例如，在用户生日时为其定制专属消费方案或者奖励机制。

4. 用户更看重消费体验

体验式消费区别于传统零售商业模式，更加注重消费者的参与和感受。不只是对商品本身，用户对消费空间和环境也有一定的要求，感官体验和思维的认同成为消费者最终转化的决定性因素。

（二）建立以用户为中心的零售新业态

在新零售中，零售企业由以商品为中心、以自我为中心的营销模式，走向以用户为中心的营销模式，这是市场发展的必然选择。也就是说，零售企业营销的重点需要由门店和商品一端转向用户一端，营销的重心需要以用户为中心。

用户的需求贯穿于市场、研发、销售、制造、服务的全流程，零售企业要想真正达到"以用户为中心"，就必须建立完整的"以用户为中心"的业务流程。具体应从以下四个方面实现重构：

1. 重构以找到目标用户、提升目标用户体验为中心的新营销模式

当前的零售企业面对的市场是分层化、小众化、个性化、便利化、社群化的市场。不同的消费群体之间需求的差异越来越大，不同的收入水平、不同的年龄、不同的家庭背景、不同的职业环境、不同的生活习惯导致不同的消费需求。零售企业需要面对的是消费升级环境下高度分层化的市场结构。

同时，当前的零售行业进入创新发展的高度活跃期，零售业态极其丰富。不同的业态、不同的定位在服务不同的用户，满足不同的目标消费群体。因此，准确地找到目标用户是零售企业营销的基础。

2. 构建线上线下一体化生态化平台体系

生态化平台体系是指通过建立一个开放的生态系统来实现零售业务的平台化运营。构建以用户为中心的新营销模式，必须要搭建尽可能完整的满足目标用户需求的生态化平台体系。

例如，微信已经不是一个单纯的社交平台，它已经构建起一个生态化体系：社交、购物、旅行等各种第三方平台都已经实现了与微信的连接，也就是说，微信已经可以满足用户的各种基本生活需求，用户已经对微信产生了基本依赖。

零售企业构建以用户为中心的新营销模式，必须要借助互联网带来的线上平台模式，构建起生态化平台体系，努力满足目标用户的需求。线下门店要注重用户体验，满足目标用户的到店需求，并且可以有效借助线下门店产生的流量实现线上转化。

未来有竞争力的零售企业，必然是具备生态化服务能力的企业。构建以用户为中心的新营销模式，必须要能够满足目标用户的生态化服务。

3. 构建以用户价值为中心的营销体系

零售企业需要借助一些有效的手段，准确实现用户价值，而不能像以往漫无边际地找用户，最终可能带来的结果是有价值的用户没有找到，找到的大多是冲着特价、

促销来的用户。

零售企业要找到这些目标价值用户，要重新设计一套新的围绕用户价值的营销体系。特别是重点构建针对高价值用户的营销体系，有利于培养高价值用户的营销体系。例如，盒马鲜生单店用户最高的年贡献达到 24 万元，这就是价值用户，企业需要这样的价值用户。

4. 转变观念，变革企业业务流程

建立以用户为中心的零售新业态，其核心是转变观念。零售企业需要抛弃以往的零售营销理念、模式、手段，重构新的以用户为中心、以打造顾客价值为目标的新营销体系。需要彻底转变以商品为中心的营销体系、模式、手段，重构以用户价值为中心的新营销模式。

建立以用户为中心的零售新业态，重点是要变革企业业务流程。以往的零售企业业务流程是以商品和企业内部管理为中心，严重缺乏面对用户、管理用户、服务用户、营销用户的业务流程设置。零售企业需要重构组织流程，由以往的以商品和企业内部管理为中心，变革为以用户为中心的组织流程。以用户为中心的业务流程变革需要对流程进行全面优化，这可能涉及调整商品组合、改进购物流程、提升售后服务等多个方面。同时，各个部门之间也需要沟通和协作，以确保业务流程的顺畅。

第二节　用户细分与用户画像

谚语：

视其所以

观其所由

一、用户细分

（一）用户细分的定义

用户细分是指通过分析用户的属性、行为、需求等，寻求用户之间的个性与共性特征，对用户进行划分与归类，从而形成不同的用户集合。

无论是潜在用户还是现有用户，零售企业都可以对他们进行细分。通过用户细分，具有不同属性、特征的用户被分开，零售企业或品牌商可以对他们进行差异化服务。具有相似属性、特征的用户将被分在一起，企业可以对他们进行统一支持。

市场的参与者包括供应者与需求者。从供应者的角度来看，一个企业肯定满足不

动画：用户
细分

了整个市场上所有顾客的需求，这不仅仅是因为受限于自然资源或非自然资源，而且从企业运营管理与市场经济效应的角度来看，这也是不符合正常规律的，零售企业应能明确自己的定位，识别自己的目标市场，将资源分配到自己的用户身上，针对这部分用户的需求进行核心竞争力的提升。

从需求者的角度来看，用户的需求是有差异的，每个用户想要的产品都不相同，无差异的广撒网式传统营销服务不仅被动、效益低，而且还存在给用户带来消极影响的风险。根据"二八定律"，20%的用户带来了80%的利润。因此，零售企业应该集中资源投入对目标用户的经营，满足目标用户的需求，要有取舍，以此来实现利润最大化。

（二）用户细分的作用

用户细分对企业十分重要，其作用具体体现为：

1. 帮助零售企业了解用户画像

通过对已有用户的细分，零售企业可以了解到他们所具有的不同属性、特征的比例和分布情况。有了这些信息，零售企业可以了解商品适合的使用者及潜在用户画像，从而协助市场部门精准营销。

2. 更合理地分配服务资源

用户细分可以帮助零售企业识别出高价值和低价值用户。零售企业可以将更多的资源优先分配在高价值用户身上，从而提升整体的投入产出比（ROI）。

3. 提升服务用户的效率和质量

进行用户细分后，零售企业能够派更合适的团队去更好地服务用户。例如，零售企业可以根据不同类型用户的需求和行为特点，通过提供定制化服务、优化产品线、精准营销、提高服务质量和持续优化用户体验等措施，更好地服务用户，提升用户的满意度和忠诚度。

（三）用户分层模型

1. AIPL 模型

AIPL 模型是阿里提出的全域营销增长模型，AIPL 模型描述了用户对于一个品牌从初识到忠诚的全过程，即用户从看到品牌（曝光、点击、浏览）、对品牌感兴趣（关注、互动、搜索、收藏、加购）、购买这个品牌（支付下单），直到忠于品牌

（正面评论、重复购买）的全过程。即 AIPL 是指用户从认知（Awareness）、感兴趣（Interest）、购买（Purchase）和建立忠诚（Loyalty）的整个流程，如图 3-1 所示。其本质是对用户进行分类。

AIPL 模型从用户行为角度将用户划分为以下四种类型：

（1）A（Awareness），是指品牌认知人群，这类用户刚了解零售企业的商品或服务；

（2）I（Interest），是指对品牌感兴趣的人群，这类用户开始对商品或服务感兴趣；

（3）P（Purchase），是指品牌购买人群，这类用户已经购买了相关商品或服务；

（4）L（Loyalty），是指品牌忠诚人群，这类人群已经对品牌有了一定的忠诚度，会进行复购并将商品或服务推荐给他人，进行口碑传播。

A-I 在从"A"到"I"的阶段，企业一般通过广告资源投放增加商品曝光，扩大用户辐射范围，提高"A"；通过 KOL（Key Opinion Leader）和 UGC（User Generated Content，用户生成内容）等优质内容生成，逐渐吸引消费者的兴趣，从而提高"I"；在从"P"到"L"的阶段，零售企业需要制定营销策略来吸引用户购买，并通过品牌渗透来提高"L"。A-I-P-L 是逐渐转化的过程，可以说是一个漏斗模型（见图 3-1）。

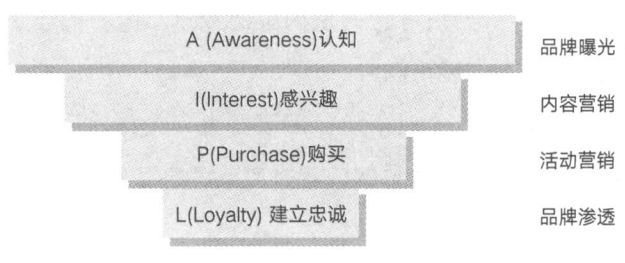

图 3-1　AIPL 模型

2. 5A 模型

5A 模型是菲利普·科特勒根据数字时代消费者的特点提出的用户和品牌发生连接的链路：5A 分别是指：认知（Aware）、吸引（Appeal）、询问（Ask）、行动（Act）和拥护（Advocate），以此指导零售企业根据不同阶段的用户特点制定内容营销策略，优化营销行为。5A 模型也揭示了品牌和用户关系的远近。

（1）认知（Aware）。认知人群指的是了解过品牌行为的人群，包括但不限于：查看过广告、有过搜索行为、浏览过品牌相关内容；扩大这个阶段人群的关键是扩大内容的生产量和曝光量，关键指标是内容的发布数量和内容的浏览人数。

（2）吸引（Appeal）。吸引人群是指被品牌吸引进而产生互动的人群，包括：近段时间有过收藏、点赞、分享行为，以及有效阅读过相关内容的人群。扩大这个阶段人群的关键是提升内容的质量和互动率，关键指标包括互动人数和浏览内容的完整度。

（3）询问（Ask）。询问人群指的是近段时间有过主动搜索并且产生询问、预约行为，以及进入商品详情页了解过价格或者在社区发布问题的人群。这是一类和零售企业交易关联度很高的人群，扩大人群的关键是如何吸引更多的人进店，关键指标是进店人数或者跳转比例。

（4）行动（Act）。行动人群是指产生过下单、购买、投诉、产品试用行为的人群；这是和订单挂钩的一类人群。扩大该类人群的关键在于更加合适的人货匹配、合适的价格，以及合适的优惠措施，关键指标是加购人数、下单人数等。

（5）拥护（Advocate）。拥护人群是指有过推荐、复购行为，成为品牌拥护者的人群，这是一类和高复购率、高忠诚度挂钩最强的群体。扩大该类人群的关键在于通过好的内容和产品体验，让用户产生复购或者推荐行为，其关键指标是复购率、推荐率，以及通过裂变新增的粉丝数量等。

以上五个阶段的人群，分别考验的是内容的数量、内容的质量、内容的引流能力、内容的获客能力和内容的转粉能力。

对于初涉数字营销的零售企业来说，应该首先去关注后三类人群，因为他们离销售转化最近；其次再考虑通过大量的内容投放或者内容分发扩大品牌潜在的目标人群，切勿本末倒置，浪费资源。

3. AARRR 模型

AARRR 模型是用户生命周期的用户增长模型，它是一个增长漏斗模型。AARRR 的首字母分别对应 Acquisition（获取）、Activation（激活）、Retention（留存）、Revenue（收益）和 Referral（传播）五个环节，分别对应用户生命周期中的五个阶段：导入期、成长期、成熟期、休眠期、流失期（见图 3-2）。

AARRR 模型的组成如下：

（1）获取（Acquisition），是指用户从不同渠道了解零售企业的产品。

（2）激活（Activation），是指用户在产品上完成了核心任务（如购买并有良好体验）。

（3）留存（Retention），是指用户继续不断地使用零售企业的产品。

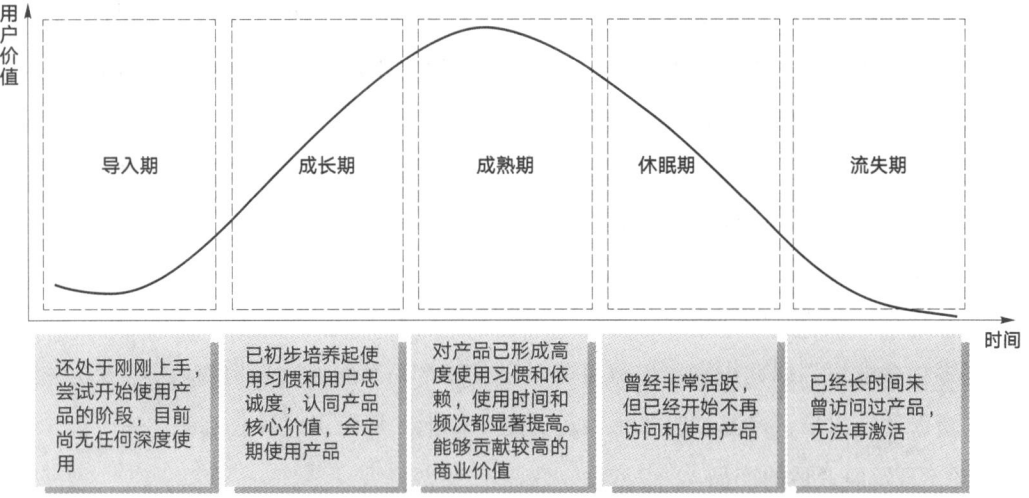

图 3-2　用户生命周期

（4）获得收益（Revenue），是指用户在产品上发生了可使零售企业产生收益的行为。

（5）推荐传播（Referral），是指用户不仅使用零售企业的产品，而且推荐引导他人使用这种产品。

AARRR 模型展示的是用户从新手用户到成为忠实用户的演变过程，也可以以运营行为为角度，称为"拉新、促活、留存、变现和传播"，这也是一个漏斗或者是倒金字塔逐渐变小的群体（见图 3-3）。

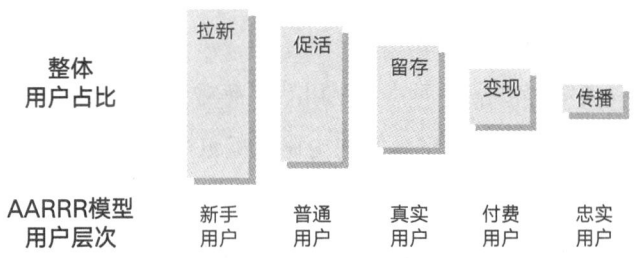

图 3-3　AARRR 模型用户层次与用户占比

二、用户画像分

（一）用户画像的定义

用户画像，即用户信息标签化，就是指零售企业通过收集与分析用户社会属性、生活习惯、消费行为等主要数据信息，抽象出目标用户的商业特征全貌。

微课：如何
构建用户
画像

用户画像最初在电商领域应用，后来在各领域都广泛应用。作为实际用户的虚拟特征，用户画像并不是脱离产品和市场之外构建出来的，用户画像需要有代表性，能代表零售企业的主要受众和目标群体。

（二）用户画像的商业价值

1. 准确识别目标用户

多层次、多维度的数据有助于提高用户画像的准确性，使各种用户的特征一目了然，零售企业可以以此识别出最有可能对自己的产品或服务感兴趣的人群，然后将有限的资源用在对自己产品或服务感兴趣的用户身上，从而实现精准营销。

2. 开发最合适的产品

通过对各种渠道用户数据的采集，零售企业可以知道哪些用户更倾向于需要哪些产品，用户的购买动机是什么，有什么反馈意见和需求点，从而迅速抓住用户诉求和期待，及时调整策略，规划产品。

3. 准确把握各区域市场消费者的特征与需求

结合区域进行消费能力、产品需求等多维度交叉分析，零售企业可以一目了然地看出全国乃至全世界某类产品的需求偏好、销售或受欢迎程度，零售企业可以在此基础上确定各区域的战略角色、进入策略、区域产品策略。

（三）用户画像的构建流程

在大数据驱动新零售的格局下，企业和品牌商需要快速实现数字化转型升级，构建用户画像，实现引流获客。用户画像的构建流程包括以下三个步骤：

1. 收集用户信息

构建用户画像的第一步就是收集相关用户信息。零售企业只有深入了解用户，才能有针对性地为用户提供建议。

（1）需要收集的用户信息。零售企业在收集用户信息时，应当以用户为主体，而不是以自己的业务为主体，要站在用户的角度审视哪些信息可能与交易有关系。一般来说，零售企业收集的用户信息主要包括基本面信息、交易面信息和主观面信息三种。如图3-4所示。

（2）收集用户信息的渠道。收集用户信息的渠道分为直接渠道和间接渠道两种。其中，直接渠道是指零售企业内部的数据库。零售企业内部的数据库中存储着大量用

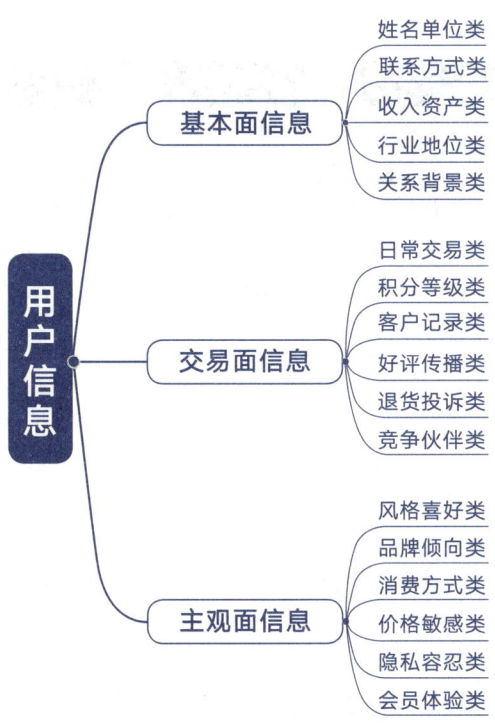

图 3-4　零售企业收集的用户信息

户信息，因此零售企业从内部的数据库中可获得丰富的用户信息。通过间接渠道收集数据就是从零售企业外部获得有效的用户信息。收集消费者信息的主要渠道如表 3-1 所示。

表 3-1　收集用户信息的渠道

收集用户信息的渠道		说明
直接渠道	通过市场调查获取消费者信息	零售企业的调查人员既可以通过电话调查、问卷调查、面谈等方式获取用户的第一手资料，也可以借助仪器来对用户的行为进行观察并加以记录，从而获取有效信息
	在提供服务的过程中获取用户信息	在零售企业为用户提供服务的过程中，用户为了满足需求，通常会直接对零售企业表达自己对商品的看法或期望、对服务的评价和要求、对零售企业竞争对手的看法，以及身边朋友的需求和购买意愿等，所以零售企业可以借助为用户提供商品或服务的过程来增加对用户的了解并收集有效的用户信息
	从用户投诉中获取用户信息	零售企业可以对用户的投诉意见进行分析整理，并建立用户投诉档案，为改进服务、开发新商品提供基础数据资料

收集用户信息的渠道		说明
直接渠道	在终端获取用户信息	在终端通过与用户面对面的接触来收集用户信息。例如，通过激励用户办理会员卡，让其提供自己的基本情况，如联系方式、地址、性别、年龄等信息，零售企业可以借此获取用户的购买信息，如用户购买商品的品牌、数量、消费金额、购买时间、购买次数等，这样就可以大致了解用户的消费水平和消费特点，以及对商品价格和促销活动的敏感度等信息
间接渠道	网络搜索	零售企业可以借助搜索引擎、网上黄页、手机短信、行业网站、网络搜索等平台或方式来收集用户的相关信息。这种渠道的优点是覆盖面广，信息量大，但收集信息的准确性和可参考性较低，在使用之前需要经过详细筛选
	老客户	老客户通常与零售企业已经形成了良好的互信关系，愿意分享一些看法和信息，因此零售企业可以通过与老客户之间的渠道沟通来收集用户信息。通过这种渠道收集来的信息比较具体，而且具有较强的针对性，但往往带有老客户的主观情感
	专业咨询机构	有些专业咨询机构会向企业提供专业的分析报告，这些信息有些需要付费，有些是免费的，零售企业可以与这些专业机构保持联系，以获取有效的消费者信息

2. 构建用户画像标签体系

用户画像的核心工作是为用户构建标签体系。标签体系是体现用户基本属性、行为倾向、兴趣偏好等某一个维度数据的标识，是一种概括性很强的关键词，可以用于简洁地描述和分类人群。

在新零售时代，零售企业精准刻画用户画像，进行精细化运营，首先应了解用户画像的标签体系。用户画像有以下五类标签，如图3-5所示。

（1）基础属性。基础属性就是用户最基本的信息，主要包括用户的人口统计学特征、时间属性、空间特征、渠道来源等，例如用户的年龄、性别、身高、体重、民族、教育、职业、地理位置、城市规模等信息。了解用户的基本信息，可以对用户的基本消费水平做出初步估算。

（2）社会关系。用户的社会关系主要包括家庭子女、社区社群、兴趣部落、校友同事等。通过用户的社会关系，可以更精准地向用户推送其所需要的产品信息。如果一个用户有子女，子女在3～5岁，零售企业就既可以推送益智类产品，也可以推送儿童食品、儿童玩具等相关产品。再比如，如果用户喜欢运动，零售企业就可以给用

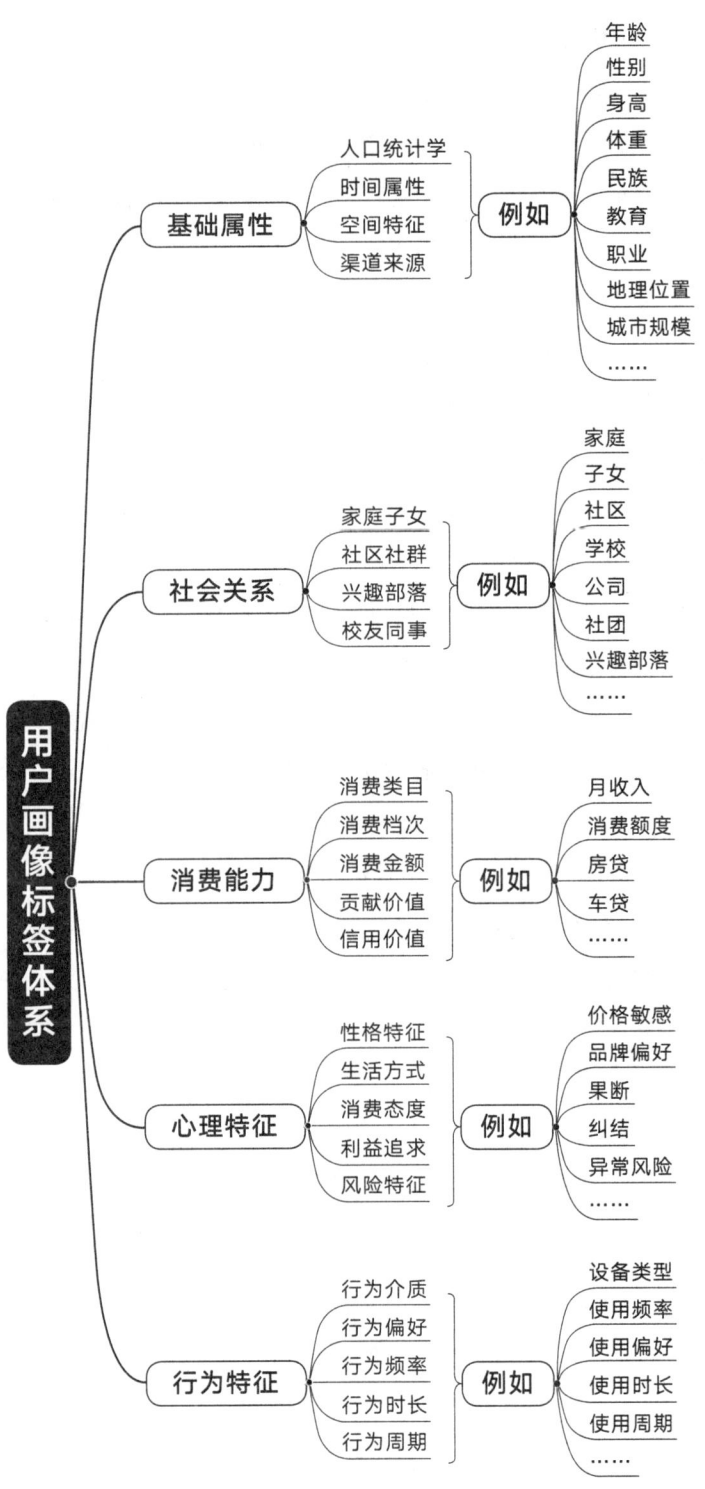

图 3-5　用户画像标签体系

户推送运动产品，用来提高用户的转化率。

（3）消费能力。除了用户的基础属性和社会关系以外，用户画像标签还要分析用户的消费能力。分析用户的消费能力可以从用户的消费类目、消费档次、消费金额、贡献价值、信用价值五个方面入手。同时，也可以从分析用户的月收入、月消费额度、有无房贷和车贷等方面入手。如果一个用户的月收入较低，月消费额度也较低，那么可以给他推送低价格产品信息。

（4）行为特征。在分析用户的行为特征时，零售企业可以从用户的行为介质、行为偏好、行为频率、行为时长、行为周期等方面入手。如果一个用户喜欢苹果手机，同时喜欢用苹果手机购买国外的产品，经常在跨境电商平台团购，那么，零售企业可以为其多推送国外的产品信息。如果一个用户使用了某智能运动手表，但是使用时间很短，表示这个用户对于运动手表不是十分感兴趣。

（5）心理特征。用户的心理特征也是零售企业构建用户画像标签体系的一项重要内容。在分析用户的心理特征时，零售企业可以从用户的性格特征、生活方式、消费态度、利益追求、风险特征等方面入手，有针对性地推送相关产品信息。

综上所述，为了全面、立体地描述用户特性，零售企业可以从基础属性、社会关系、消费能力、行为特征、心理特征五个维度来构建用户标签体系。标签体系确定后，就可以为用户贴标签了，为同一个用户可以贴多个标签。

根据收集的用户信息，对用户特征进行标签化分析，提炼用户痛点，形成用户画像。用户画像示例如图 3-6 所示。

用户画像

年龄：27岁　　性别：女　　学历：本科
未婚　　　白领
工作在一线城市　　租房(无房无车)

独立，喜爱电子产品，宅，喜欢美好的事物，比较文艺，
追求生活美学

痛点：1. 生活节奏快，工作压力大
　　　2. 每天三点一线，生活单调
　　　3. 想要改善生活，但苦于没钱、没时间
　　　4. 作为一个外地人，在当地无房无车，没有安全感
　　　5. 单身，生活圈太窄

目标：改变现状，追求品质生活，从自己的兴趣出发，
在平凡的生活中，发现一点点不同，提升自己，
对自己好一点，让自己优秀一点

图 3-6　用户画像示例

第三节　消费者行为分析

一、消费者购买决策

消费者购买决策是指消费者为了满足某种需求，在一定购买动机的支配下，在可供选择的两个或者两个以上的购买方案中，经过分析、评价、选择并且实施最佳购买方案，以及购后评价的活动过程。

（一）消费者购买决策的要素

1. 有明确的目标

消费者要做出某种购买行为，首先会有一个行动目标，而行动目标的产生源于其自身的需求。只有消费者有了强烈的需求，才会产生购买动机。例如，如果下雨了但没有带伞，就需要买伞遮雨。

2. 做出选择

消费者要在可供选择的两个或两个以上的购买方案中进行整理和分析，根据各种信息选择。可供选择的影响因素包括消费者的个人偏好，以及产品的价格、包装、品质等。例如，消费者在购买衣服时，会根据自身的经济水平，喜欢的款式、颜色、服装品牌等因素来选择。

3. 付出行动并评价

在确定自己的选择以后，消费者就会付诸实施，完成购买行为，并在使用商品以后对使用体验进行评价。例如，如果消费者买了杯奶茶，喝了两口发现味道不好，就会产生对该品牌奶茶的负面评价，他可能会在社交媒体上抱怨，以表达自己的不满。

（二）消费者做出购买决策需遵循的原则

消费者做出购买决策主要遵循以下四项原则：

1. 最大满意原则

在一般情况下，消费者总会通过选择并实施购买决策来获得最大效用，最大限度地满足自己的需要。最大满意原则就是根据这种思想来决策的，不惜代价地追求决策方案和效果的完美，直至达到目标。不过，最大满意原则只是一种理想化的原则，在实践中只能以其他原则代替。

2. 相对满意原则

面对复杂多变的市场信息，产品种类数不胜数，消费者不大可能花费大量的时间、精力和金钱去收集制定最佳购买决策所需要的信息。即使这么做了，花费的代价也很大，根本没有必要。因此，消费者在制定购买决策时，只要做出相对合理的选择，达到相对满意即可，这就是相对满意原则。

3. 遗憾最小原则

由于消费者做出任何购买决策都不可能达到绝对满意，而会存在不同程度的遗憾，因此，要以产生的遗憾最小作为决策依据，这就是遗憾最小原则。消费者通常要估计各种方案可能产生的不良后果，并比较其严重程度，从中选择负面效应较轻的作为最终决策方案。

4. 预期满意原则

有些消费者预先形成了对商品价格、质量、样式等方面的心理预期，在购买商品时会将备选方案与自己的预期标准进行比较，与预期标准最吻合的方案就是最终决策方案，这就是预期满意原则。这一原则的优点在于可以缩小消费者的决策范围，加快决策进程，帮助消费者快速、准确地做出最终购买决策。

（三）消费者购买决策的基本特点

通过对消费者购买决策过程的分析，可以总结出消费者购买决策有如下特点：

1. 消费者购买决策的目的性

消费者做出购买决策，就是要促进一个或若干个消费目标的实现，这本身就带有目的性。在做出购买决策的过程中，要围绕消费目标进行筹划、选择、安排，这就是消费者购买决策的目的性。

2. 消费者购买决策的过程性

消费者购买决策是指消费者在受到内外部因素的刺激下产生购买需求，形成购买动机，选择和实施购买方案，又将购后经验进行反馈，从而影响下一次消费者购买决策，形成一个完整的循环过程。

3. 消费者购买决策的复杂性

决策是人们的大脑复杂思维活动的产物。消费者在做出购买决策时，不仅要开展感觉、知觉、注意、记忆等一系列心理活动，还必须进行分析、推理、判断等一系列思维活动，并且要计算费用支出与可能带来的各种利益。因此，消费者做出购买决策的过程一般是比较复杂的。

4. 消费者购买决策的情景性

由于影响消费者购买决策的各种因素不是一成不变的，而是随着时间、地点、环境的变化不断变化的。因此，对于同一个消费者来说，其购买决策具有明显的情景性，其具体决策方式因所处情景不同而不同。由于不同消费者的收入水平、购买习惯、消费心理、家庭环境等存在差异，因此，不同的消费者对于同一种商品的购买决策也可能存在着差异。

（四）消费者购买决策的步骤

一般来说，消费者购买决策包括需求确认、信息收集、方案评估、做出购买决策和购后评价五个步骤。

1. 需求确认

在需求确认阶段，零售企业需要确认消费者需求，并将其与特定的商品或服务联系起来，消费者认识到自己有某种需要时，是其决策过程的开始，这种需要可能是由内在的心理活动引起的，也可能是由外界的某种刺激引起的。

例如，某位消费者看到别人穿新潮服装，自己也想购买，或者是内外两方面因素共同作用的结果。因此，零售企业应注意不失时机地采取适当措施，唤起和强化消费者的需求。

2. 信息收集

当消费者产生了某种购买需要之后，便会将这种需要付诸实施，并注意收集与其相关的信息，以便进行决策。为使购买决策具有科学性与可靠性，消费者会广泛收集有关信息，包括能够满足需要的产品种类、规格、型号、价格、质量、维修服务，以及有无替代品、在何处何时购买等。因此，零售企业应当了解哪些因素会影响消费者收集信息并采取相应的措施。

从做出购买决策的角度看，有三类因素影响消费者的信息收集活动：第一类是与产品风险相关的因素，第二类是与消费者特征相关的因素，第三类是情境因素。

（1）与产品风险相关的因素。与产品风险相关的因素很多，如财务风险、功能风险、时间风险、社会风险等。一旦消费者认为购买产品或服务具有较大的风险，将会花更多的时间、精力收集信息，这是因为掌握更多的信息有助于减少决策风险。一项研究发现，消费者在购买服务类产品时，一般不像购买有形产品时那样当机立断，很多消费者倾向于将别人的经验作为信息来源。这是因为服务不似有形产品那样可以标准化，因而具有更大的购买风险。

（2）与消费者特征相关的因素。与消费者特征相关的因素（如个性、经验、知识水平等）同样影响消费者信息收集活动。例如，性格外向、心胸开阔、自信心强的人，一般与大量的信息收集活动相联系。又如，对某一产品领域缺乏消费经验的消费者，更倾向于大量收集信息，当消费者对所涉及的产品领域具有越来越多的消费经验时，信息收集活动将减少。应当指出的是，消费者的知识或经验与信息收集活动之间是此消彼长的关系。

（3）情境因素。影响消费者信息收集活动的情境因素很多，具体包括如下几个方面：

①物理环境，包括门店的布局、商品陈列、颜色、气味、声音和照明等。

②人际环境，包括其他顾客和营业员的影响。

③时间观念，例如消费者可能在特定节日或假期有更高的购买意愿。

④人员密度，购物场所的人员密度可能会影响消费者的购买决策。

⑤购买任务，消费者的购买任务不同，如买给自己或送给别人，也可能影响购买决策。

⑥心境，消费者的情绪状态可能影响他们的购买决策。

3. 方案评估

在方案评估阶段，消费者将根据产品或服务的属性、利益和价值组合，形成各种购买方案。消费者得到的各种有关信息可能是重复的，甚至是互相矛盾的，因此还要进行分析、评估和选择，这是决策过程中的决定性环节。方案评价阶段的影响因素有以下几个方面：

（1）消费观念。消费观念因人而异。例如，有的消费者以价格低廉作为基本要求，有的消费者以时尚作为特定选择标准；有的消费者要求外观新颖，有的消费者则希望结实耐用；有的消费者追求个性化、求新求异；有的消费者宁可从众、与所属群体保持一致。面对不同的备选方案，消费者可能做出完全不同的选择。

（2）产品属性。产品属性是指产品能够满足消费者需求的特征，如产品功能、价格、质量、款式等。

（3）属性权重。属性权重是消费者对产品有关属性所赋予的不同重要性权数。例如，如果消费者注重冰箱的能耗，他就会更倾向于购买耗电量低的冰箱。

（4）品牌信念。品牌信念是消费者对某种品牌产品的看法。消费者的品牌信念带有个人主观因素，与产品的真实属性往往并不一致。

（5）效用要求。效用要求是消费者对某种产品的效用应当达到何种水准的要求。如果这种产品能够满足消费者的效用要求，消费者就愿意购买。

4. 做出购买决策

（1）做出购买决策的影响因素。总体来说，影响购买决策的因素较为复杂，具体包括以下内容：

①产品因素。在现实中，由于产品的特点、用途及购买方式不同，制定购买决策的难易程度与程序也有所不同。

一般来说，日常生活用品，如牙膏、洗衣粉等，消费者对所购产品的品牌、价格、档次比较熟悉，无须花费大量时间收集信息和比较选样，仅根据以往经验或习惯做出购买决策，购后也无须进行评价。这类决策通常较为简单迅速。

对于服装、鞋帽、家具等种类和款式繁多、选择性较强的产品，消费者具有一定的购买经验，无须大量收集信息、反复比较选择，但受时尚流行、个人偏好等因素影响，消费者通常在式样、花色、质量、价格等方面进行比较选择，且会进行购后评价。这类以选择性购买为特征的决策相对复杂。

高档耐用消费品，如家用电器、汽车、住房等，由于产品价格昂贵，使用年限较长，规格、质量差异较大，消费者大多缺乏专门知识，因此消费者对这类产品的购买一般持审慎态度。在购买前，消费者会通过各种途径广泛收集有关信息，对备选方案反复进行比较选择，在购买过程中要求当场试用、体验，并详细询问使用、退换、售后服务等事宜，购买后还要进行购后评价。因此，这类决策较之其他决策要复杂得多。

②消费者自身因素。消费者的性格、气质、兴趣、生活习惯、收入水平、购买偏好、消费心理、家庭环境等与主体相关的因素存在差异，不同的消费者对同一种产品的购买决策也可能存在差异。而且由于影响决策的因素不是一成不变的，而是随着时间、地点、环境的变化而不断变化的，因此对消费者来说，消费决策具有明显的情境性，其具体决策方式因所处情境不同而不同。

③他人的态度。由于许多产品具有在他人面前展现自我的作用，因此人们在购买时会更加在意他人的看法。如果他人的看法与消费者的意见相左，将会导致消费者犹豫不决，很难在短期内做出购买决策，甚至会打消购买念头。

他人态度的影响力取决于三个因素。一是他人态度的强度，他人态度越强，影响力就越大。二是消费者对遵从他人态度的强度，一般来说，他人与消费者的关系越密切，对消费者的影响力就越大。三是他人的权威性，他人对产品的专业知识了解越多，对产品的鉴赏力越强，则影响力就越大。

④意外因素。消费者购买意向是以一些预期条件为基础形成的，如预期收入、预期价格期质量、预期服务等。如果这些预期条件受到一些意外因素的影响而发生变化，购买意向就可能被改变。比如，预期的奖金收入没有得到、原定产品价格突然提高、购买时销售人员态度不佳等，都有可能改变消费者的购买意向。

（2）购买决策的主要内容

消费者做出购买决策是指消费者受到内外部因素刺激，产生某种需求，形成购买动机，并且经过收集信息、评估方案后，在众多方案中挑选出最符合自己标准的产品或服务，以此来满足自身需要的特定过程。

消费者购买决策的内容因人而异，但购买决策都离不开五个"W"和两个"H"。

①明确购买主体（Who）。在购买过程中，消费者扮演的角色有所不同，有人充当决策者，有人具体实施购买，有人则是产品的使用者。

②明确购买动机（Why）。消费者的购买动机多种多样。例如，同样购买一束鲜花，有人为了装饰家居，用于观赏；有人为了献给爱人，表达情感；还有人则用于看望朋友或同事。

③明确购买对象（What）。这是制定购买决策的核心问题，购买对象不仅包括确定产品类别，还包括产品的品牌、性能、质量、款式、规格及价格等内容。

④明确购买时间（When）。购买时间与购买动机的迫切性有关。在消费者的多种购买动机中，往往由需求强度高的主导性动机决定购买的先后缓急。同时，购买时间也与市场供应状况、购物场所营业时间、节假日及消费习惯等有直接关系。

⑤明确购买地点（Where）。购买地点由多种因素决定，如购物场所的环境、商家信誉、交通便利程度、可挑选的品种数量、价格水平，以及服务态度等。此外，这项决策既与消费者的购买动机有关，也与消费者求便、求名、求速、求廉等动机有关。例如，求便、求速的消费者会光顾便利店；求名的消费者会去高档百货商场；求廉的消费者还会到网上购物。

⑥明确购买数量（How many）。购买数量一般取决于其实际需要、支付能力及市场供求情况。如果市场供应充裕，消费者就会不急于购买且购买的数量不会太多；如果市场供应紧张，即使目前不急需或支付能力不足，消费者也会购买。

⑦明确购买方式（How）。购买方式包括店购、网购等。随着线上支付、线下体验等新型购物方式不断出现，消费者的购买方式也更趋于多样化。

5. 购后评价

消费者在完成实际购买后，会在产品的使用过程中，将产品的实际价值表现与购买之前的期望值进行比较，以此形成对该产品的满意程度，从而形成购后评价。关于消费者购后评价行为的基本理论有预期满意理论和认识差距理论两种。

（1）预期满意理论认为，消费者购买产品以后的满意程度取决于购前期望实现的程度，可用函数式表示为：$S=f(E, P)$。其中，S 表示消费者满意程度，E 表示消费者对产品的期望，P 表示产品可觉察性能。如果 $P=E$，则消费者会感到满意；如果 $P>E$，则消费者会很满意；如果 $P<E$，则消费者会不满意，差距越大就越不满意。

（2）认识差距理论认为，消费者在购买和使用产品之后，对产品的主观评价和产品的客观实际效用之间总会存在一定的差距，可分为正差距和负差距两种。正差距是指消费者对产品的评价高于产品的实际效用和生产者预期，使消费者产生满意感。负差距是指消费者对产品的评价低于产品实际效用和生产者预期，使消费者产生不满意感。

购后评价不仅会对消费者以后的态度和购买行为产生影响，还会通过口碑传播至其他消费者，影响他们的态度和行为。如果消费者对购买的产品感到满意，则非常可能再次购买该产品，即成为忠诚消费者，甚至带动他人购买该产品。如果消费者对购买的产品感到不满意，则会尽量减少或消除失调感。消费者消除失调感的方式各不相同：第一种方式是寻找能够表明该产品具有高价值的信息，或避免能够表明该产品具有低价值的信息，以证实自己原先的选择是正确的；第二种方式是挽回损失或补偿损失，如要求企业退货、调换、维修。或者补偿自己在购买和消费过程中造成的物质和精神损失等；第三种方式是向政府部门、法院、消费者组织等投诉；第四种方式是采取抵制行为，如不再购买，即成为流失消费者，甚至带动他人拒买等。

乐研好思

"雪糕刺客"现象的消费者购买决策分析

2022 年夏天，"雪糕刺客"一词红遍网络。"雪糕刺客"就是指那些在冰柜里看似平平无奇，结账时却被天价"背刺"的雪糕。下面分析一下雪糕消费者做出购买决策的过程。

1. 需求确认

新奇的包装、独特的味道，迎合了部分人的好奇心理和跟风心态。"Z 世代"人群乐意尝试新事物，他们愿意付高价去购买新奇体验。通过包装的设计和产品的高价定位，以"雪糕刺客"的符号化消费特征来满足社会交往心理。

达人"种草"、直播带货，推高了雪糕的推广成本。小红书等社交媒体的网络推广使"雪糕刺客"的知名度大大提高。

2. 信息收集

"Z 世代"人群作为"雪糕刺客"的目标顾客，极度依赖互联网获取信息，而"雪糕刺客"在各大社交媒体上的大面积推广，让消费者通过互联网被动接收到更多信息。

3. 方案评估

在收集完信息后，消费者对于雪糕主要有如下几个评估依据：品牌、价格、口味、包装、原料等。而消费者分析的不同评估依据对购买的重要程度不同，需进行综合评估。

4. 做出购买决策

若在线下购买雪糕，购买的变数较大。比如，在便利店购买雪糕，消费者会在同一冰柜里进行价格比对，消费者有临时改变决策的可能；若在线上购买雪糕，配送的速度会影响消费者的购买决策和实施，以确保风险最小。

5. 购后评价

在购买雪糕后，消费者对雪糕的满意度不同，他们会在网络上分享自己的经验。若满意，则会增强消费者的品牌忠诚度，进行下一次购买；若不满意，消费者则不会再进行购买并在网上传播负面信息。而"雪糕刺客"的出现，普遍引起了消费者的不满，尤其是便利店的价格模糊，更加引起了消费者的反感，零售企业应引以为戒，使商品价格与价值相符，建立良好的品牌形象和信誉。

二、消费者购买行为分析

（一）消费者购买行为的定义

消费者购买行为是指人们为满足消费需要而寻找、选择、购买、使用、评价及处置产品或服务的过程活动，它包括消费者的主观心理活动和客观行为活动两个方面。

（二）消费者购买行为的类型

消费者购买决策过程的复杂程度是不同的，根据消费者的参与程度和产品品牌差异，可将消费者购买行为分为以下四种类型：

1. 复杂的购买行为

如果消费者高度参与购买过程，并且了解现有各产品的品牌、品种和规格之间具有的显著差异，就会产生复杂的购买行为。复杂的购买行为是指消费者需要经历大量的信息收集、全面的产品评估、慎重的购买决策和认真的购后评价等阶段。比如，计算机价格昂贵，不同品牌之间差异大，某位消费者想购买计算机，但又不熟悉硬盘、内存、主板、中央处理器、分辨率、Windows 等配置，对于不同品牌之间的性能、质量、价格等无法判断，贸然购买有极大的风险。因此，他要广泛收集资料，弄清很多问题，逐步建立对该产品的信任，然后才会转变态度，做出谨慎的购买决策。

对于复杂的购买行为，零售企业应制定策略，帮助消费者掌握产品知识，运用线上线下的各种营销渠道宣传本产品的优点，并发动门店营业员和已购买者反馈的作用，影响消费者最终做出购买决策。

2. 习惯性购买行为

对于价格低廉、消费者经常购买的产品，消费者的购买行为是简单的。在这类产品中，各品牌的差别较小，消费者对此也十分熟悉，不需要花较长时间选择。例如，消费者买油、盐之类的必需品，就属于习惯性购买行为。此种购买行为就是习惯性购买行为。这种简单的购买行为无须经过收集信息、评价产品、最后做出购买决策。

零售企业针对习惯性购买行为的主要营销策略是：

（1）利用价格与销售推广吸引消费者试用。由于产品本身与同类其他品牌相比不具备能引起消费者兴趣的卖点，因此零售企业就只能依靠合理价格与优惠、展销、示范、赠送、有奖销售等销售推广手段吸引消费者试用。一旦消费者了解和熟悉了某产品，就可能经常购买以至形成购买习惯。

（2）大量推送重复性广告，加深消费者印象。在低度参与和品牌差异小的情况下，消费者既不主动收集品牌信息，也不评估品牌，只是被动地接受包括广告在内的各种途径传播的信息，然后根据这些信息所带来的对不同品牌的熟悉程度来选择。消费者选购某种品牌不一定是被广告打动或对该品牌有忠诚度，只是熟悉而已。消费者购买之后甚至不去评估它，因为并不介意。购买过程是：先被动地对品牌产生印象，然后采取购买行为。因此，零售企业必须通过大量广告使顾客被动地接受广告信息而熟悉品牌。

（3）提高消费者购买参与程度和品牌差异。在习惯性购买行为中，消费者只购买自己熟悉的品牌而较少考虑品牌的转换，如果竞争者通过技术进步和产品更新，将低度参与的产品转换为高度参与的产品，并扩大与同类产品之间的差距，将促使消费者改变原先的习惯性购买行为，寻求新的品牌。提高消费者参与程度的主要途径是在常规产品中增加较为重要的功能和用途，并在价格和档次上与同类产品拉开差距。

比如，洗发水若仅仅有去除头发污渍的作用，则属于低度参与产品，与同类产品也没有什么差别，只能以低价展开竞争；若增加去除头皮屑的功能，则参与程度提高，提高价格也能吸引消费者购买，有利于扩大销售。

3. 寻求多样化的购买行为

有些商品品牌之间有明显差别，但消费者并不愿意在上面多花时间，而是不断变换他们所购商品的牌子。如在购买点心之类的商品时，消费者往往不花长时间来选择和估价，喜欢每次购买时再换一种新品种。这样做往往不是因为对产品不满意，而是为了寻求产品多样化。比如购买饼干，消费者有可能第一次购买的是巧克力夹心，第二次购买的是奶油夹心。这种品种的更换并非对上次购买的产品不满意，而是想换换口味。

对于寻求多样化的购买行为，零售市场领导者和挑战者的营销策略是不同的。市场领导者力图通过占有货架、避免脱销和提醒购买的广告来鼓励消费者形成习惯性购买行为。而市场挑战者则以较低的价格、折扣、赠券、赠送样品和强调试用新品牌的广告来鼓励消费者改变原习惯性购买行为。

4. 化解不协调的购买行为

有些产品品牌之间的差别不大，而消费者又不经常购买，购买带有一定的风险性。对于这类商品，消费者一般先将多家企业的产品进行比较，但只用较少时间就将商品买回来，这是因为各种品牌之间并没有什么明显差别。一般如果价格合理，购买方便，机会合适，消费者就会做出购买决策。例如，如果消费者购买办公椅，虽然也要看它的款式和颜色，但一般差别不太大，有合适的产品消费者就会买回来。

购买商品以后，消费者也许会感到有些不协调或不够满意，也许对商品的某些方面感到不够称心，或者听到别人称赞其他种类的商品。在使用期间，消费者会了解更多情况，并寻求种种理由来减轻、化解这种不协调，以证明购买决策是正确的。

对于这类购买行为，零售企业要提供完善的售后服务，通过各种途径提供商品或服务信息，使顾客相信自己的购买决策是正确的。

三、影响消费者购买行为的因素

动画：影响消费者购买行为的因素

消费者购买行为受文化因素、社会因素、个人因素等的影响。

（一）文化因素

文化因素对消费者行为具有广泛而深远的影响。文化是在人们的社会实践中逐渐形成的，是大多数社会成员共有的看法、信念、道德观和价值观。每种文化内部又包含若干种亚文化。所谓亚文化，是指存在于一个较大的社会群体中的一些较小的社会群体所具有的特色文化。

文化和亚文化对消费行为的影响是通过消费观念、生活方式、风俗习惯等实现的。不同文化背景下的人们，其消费观念有着很大的差别：人们的生活方式与社会文化也有密切的关系，文化不仅直接影响人们的行为方式，而且通过观念影响人们的消费行为。因此，不同的社会文化总会形成一些独特的消费习惯。

（二）社会因素

消费者在特定的社会中工作和生活，其购买行为会受家庭、社会角色与地位、相关群体等一系列社会因素的影响。

1. 家庭

家庭由彼此有血缘、婚姻或扶养关系的人组成，家庭对消费者的购买行为影响最大。一个人一生中一般会经历两个家庭：一是父母的家庭，也就是与生俱来的家庭。每个人的价值观、审美观、爱好和习惯大多是在父母的影响下形成的，这会对消费者产生种种倾向性的影响，这种影响能伴随其一生。二是自己的家庭，也就是个人的衍生家庭。

一般来说，由夫妻及其子女组成的家庭是社会上最重要的"消费单位"。家庭中成员间的影响是最直接的，而且影响力最大。根据家庭成员对商品购买的参与程度和作用不同，商品购买的类型可分为各自做主型、丈夫决策型、妻子决策型和共同决策型。例如，彩电、家庭影院等家用电器的购买以丈夫决策型为主；服装、食品及日用品的购买以妻子决策型为主；住房、家具的购买和旅游、娱乐活动等的购买，一般以家庭成员共同决策型为主。

2. 社会角色与地位

一个人一生中会加入许多团体，如家庭、单位、协会及各类俱乐部等，每个人在各个团体中的位置可用角色和地位来确定。每个角色都对应着相应的地位，它反映社会对个人的尊敬程度。一个人所充当的每个角色都要顾及周围人的要求和各种场合下人们对其所期望的表现。因此，人们在购买商品时，常常会考虑自己在社会中的角色和地位，不同角色和地位的人会有不同的需求和购买行为。

3. 参照群体

参照群体是指对人的态度、偏好和行为有直接或间接影响的群体，是指一个人将某个或多个人作为比较基础，并和自己的信念、感情和行为进行比照，被比较的某个人或多个人即为参照群体。消费者可能会有不同的参照群体，如家人、朋友、名人等。

参照群体具有规范和比较两大功能。规范功能体现在建立一定的行为标准并使个体遵从这一标准，比如受父母影响，子女在食品的营养标准、如何穿着、到哪些地方购物等方面形成了某些观念和态度。个体在这些方面所受的影响对其行为具有规范作用。比较功能是指个体把参照群体作为评价自己或别人的比较标准和出发点。例如，个体在布置、装修自己的住宅时，可能以邻居或某个仰慕的熟人的家居布置作为参照和效仿对象。

参照群体的概念在营销中被广泛运用，常见的应用有以下四种：

（1）名人效应。作为参照群体，名人或公众人物对受众具有巨大的影响力和感召力。因此，零售企业往往愿意花巨资聘请名人促销产品。有研究表明，用名人作背书的广告比不用名人的广告评价更正面、更积极。

（2）专家效应。专家是指在某一专业领域受过专门训练，具有专门知识、经验和特长的人。例如，医生、律师、营养学家等均是各自领域的专家。专家所具有的丰富知识和经验，使其在介绍、推荐产品与服务时较一般人更具有权威性，从而产生特有的公信力和影响力。

（3）"普通人"效应。运用满意消费者的语言或行为来宣传企业的产品，是广告中常用的方法之一。如果出现在荧屏或画面上的代言人是和潜在消费者一样的普通消费者，就会使受众感到亲近，从而使广告诉求更容易引起共鸣。由于这类广告贴近消费者，反映了消费者的现实生活，因此，它们可能更容易获得认可。

（4）经理型代言人。零售企业在广告中用公司总裁或总经理做代言人，经理型代言人效应的好处是：一方面能吸引更多的人对广告感兴趣；另一方面也表明公司高层对消费者利益的关注，从而可能激起消费者对公司及其产品的信心。

（三）个人因素

影响消费者行为的个人因素包括以下几个方面：

（1）需求和欲望。需求和欲望是驱动消费者购买行为的基本动力。不同的人有不同的需求和欲望，这取决于他们的年龄、性别、职业、收入水平、文化背景等因素。

（2）个性特征。消费者的个性特征也会影响他们的购买行为。例如，一些人可能更注重品牌和质量，而另一些人可能更注重价格和实用性。

（3）生活方式。消费者的生活方式也会影响他们的购买行为。例如，一些消费者更喜欢户外活动，因此他们可能会购买更多的运动装备和户外用品；而另一些消费者更喜欢宅在家里，因此他们可能会购买更多的家居用品和娱乐设备。

（4）价值观和信仰。消费者的价值观和信仰也会影响他们的购买行为。例如，一些消费者可能更注重环保和可持续发展，因此他们可能会选择购买更多的环保产品；另一些消费者可能更注重个人成就和社会地位，因此他们可能会选择购买更多的高档品。

（5）经验和知识。消费者的经验和知识会影响他们的购买行为。例如，一些消费者可能对某个产品或品牌有丰富的经验和知识，因此他们可能会更加自信地做出购买决策；而另一些消费者可能对某个产品或品牌缺乏了解，因此他们可能会更加谨慎地做出购买决策。

（6）情感和情绪。消费者的情感和情绪也会影响他们的购买行为。例如，当消费者处于愉悦的情绪状态时，他们可能会更愿意进行冲动性购物；而当消费者处于焦虑或沮丧的情绪状态时，他们可能会更倾向于寻求安慰性消费。

社会担当与企业责任

**环保低碳概念
绿色门店**

党的二十大报告指出，"加快发展方式绿色转型。推动经济社会发展绿色化、低碳化是实现高质量发展的关键环节。"一直以来，华润万家始终致力于倡导可持续生活方式，向消费者传递品质、健康、环保的美好生活理念。

华润万家的 Olé 低碳实验店是集环保、自然、健康于一体的 Olé 全新店型，也是华润万家在国内首家主打环保低碳概念的绿色门店。Olé 低碳实验店的亮相，预示着华润万家在践行绿色发展理念、助力实现"双碳"目标上的进一步加速。

超市、卖场节能降碳潜力大、影响范围广，是华润万家实现"双碳"目标的主战场。从新店的设计施工，到商品引进、专区设置，华润万家都以低碳、绿色的发展理念为指导，全力提升零售端的"含绿量"。

在新店的空间设计上，华润万家优先选用更健康安全的建筑材料，同时对冷链、照明、面包加工等设备进行节能减碳管理，预计年节电近 10.5 万千瓦时，减碳近 86.7 吨。

门店还通过取消一次性可降解塑料购物袋、提供可循环利用的购物袋及环保包装替代品，倡导消费者践行低碳环保的可持续购物方式。相较同类型的 Olé 门店，新店每年预计在包装耗材上实现减塑约 7.3 吨。除了加大绿色商品的供给，华润万家还为商品制作了信息标签，推广环境友好型商品标识，向消费者传递可持续发展理念。

走出门店，华润万家的"碳索"并未停止。在企业管理端，华润万家始终坚持经济与生态环境和谐统一，将绿色发展理念融入日常经营管理，用实际行动履行减碳承诺。华润万家与华润电力达成战略合作，以绿色节能与智慧能源为载体，打造华润万家东莞凤岗配送中心低碳零碳物流园区项目。如今，凤岗物流配送中心已逐渐实现园区低碳零碳化发展，每年降低碳排放量超过 2 000 吨，等效植树量近 3 500 棵，使用清洁能源占比近 80%。

未来，华润万家将继续积极落实"双碳"战略，倡导大众拥抱绿色消费理念、开启绿色低碳生活，同时携手"绿色伙伴"探索低碳创新发展的方向和路径，鼓励更多消费者加入减碳行列，为国家碳达峰、碳中和贡献力量。

调查研究与善作善成

调研背景

零售企业针对消费者需求进行调查研究，是适应市场变化和满足消费者期望的重要手段。在市场竞争激烈的环境下，了解消费者需求并满足其个性化需求，有助于提高企业的市场竞争力。同时，随着消费者购买行为的不断变化，零售企业需要获取及时、准确的市场信息和消费者反馈，以做出相应的销售策略调整。此外，调查研究还有助于零售企业了解市场趋势和竞争格局，为制定长远的发展战略提供有力支持。通过深入了解消费者需求，零售企业可以不断提升商品和服务质量，改善消费者的购物体验，提高消费者满意度和忠诚度，从而实现可持续发展，获得竞争优势。

调研步骤

（1）组建调查研究小组（每组 4～5 人），落实调查任务，确定调查对象、调查时间和地点，安排好交通工具与行程；拟定调查提纲和调查问卷；出行前召开调查过程中的安全教育及调研注意事项主题班会。

（2）实地走访当地不同的零售企业，了解零售业态布局、零售网点，以及不同类型店铺的经营品种、规模、销售状况等，并与线上零售企业进行对比，重点关注线上线下消费者特征及消费者需求对比。

（3）通过线上线下发放电子与纸质问卷的方式，了解当地消费者对零售企业的商品需求、价格满意度、促销信息等需求，获得用户画像。通过一对一访谈，进一步了解消费者的具体需求、购买习惯和对商品的看法等，整理出有利于提升人民幸福指数的需求。

调研要求

请围绕党的二十大报告中提出的"不断实现人民对美好生活的向往"目标，针对线下的零售企业，详细了解民生需求，构建用户画像，形成一篇调研报告。调查研究务求"深、实、细、准、效"，调查报告要求选题准、立意高、内容实。

学习检测

一、单项选择题

1. 用户画像的构建流程为（　　）。

　　A. 收集用户信息→建立画像标签体系→形成用户画像

　　B. 建立画像标签体系→画像验证→明确画像的目的→收集用户信息

　　C. 收集用户信息→明确画像的目的→建立画像标签体系→画像验证

　　D. 画像验证→明确画像的目的→收集用户信息→建立画像标签体系

2. 以下选项中不是消费者购买决策特点的是（　　）。

　　A. 消费者购买决策的目的性　　　　　　B. 消费者购买决策的过程性

　　C. 消费者购买决策主体的需求从众性　　D. 消费者购买决策的复杂性

3. 以下选项中不属于用户分层模型的是（　　）。

　　A. AIPL 模型　　　　B. 5A 模型　　　　C. AARRR 模型　　　　D. 漏斗模型

4. 消费者购买决策过程为（　　）。

　　A. 信息收集→需求确认→方案评估→购买决策→购后评价

　　B. 信息收集→方案评估→需求确认→购买决策→购后评价

　　C. 需求确认→信息收集→方案评估→购买决策→购后评价

　　D. 需求确认→购买决策→信息收集→方案评估→购后评价

5. 以下选项中不是影响消费者购买行为的因素的是（　　）。

　　A. 文化因素　　　　B. 社会因素　　　　C. 个人因素　　　　D. 法律因素

二、多项选择题

1. 从新零售角度来说，用户思维涉及的内容有（　　）。

　　A. 研究用户心理　　B. 分析用户需求　　C. 引导用户参与　　D. 与用户打交道

2. 用户细分的价值体现在（　　）。

　　A. 帮助企业了解用户画像　　　　　　B. 深入了解用户

　　C. 合理分配服务资源　　　　　　　　D. 提升服务用户的效率和质量

3. 常见的用户画像标签有（　　）。

　　A. 人群基础属性标签　　　　　　　　B. 行为特征标签

　　C. 心理特征标签　　　　　　　　　　D. 社会关系标签

4. 消费者购买决策的要素有（　　　）。

    A. 有明确的目标　　　B. 做出选择　　　　C. 需求分析　　　　D. 付出行动并评价

5. 消费者做出购买决策需遵循的原则有（　　　）。

    A. 最大满意原则　　　B. 相对满意原则　　C. 遗憾最小原则　　D. 预期满意原则

三、判断题

1. 用户的需求贯穿于市场、研发、销售、制造、服务的全流程，企业要想真正达到"以用户为中心"，就必须建立完整的"以用户为中心"的业务流程。　　　　（　　　）

2. 以人民为中心的发展思想，不能只停留在口头上，止步于思想环节，而要体现在经济社会发展的各个环节。要坚持人民主体地位，顺应人民群众对美好生活的向往。

    （　　　）

3. 用户画像，即用户信息标签化，就是企业通过收集与分析消费者社会属性、生活习惯、消费行为等主要信息的数据之后，完美抽象出一个消费者的商业全貌。　（　　　）

4. 广泛型问题解决是指投入较少时间和精力的购买决策过程。　　　　　（　　　）

5. 消费者决策圈模型是网络消费者购买决策不同于传统消费者决策的模式之一。（　　　）

第 四 章

零售商品管理

学习目标

素养目标

■ 培养学生对消费趋势和商机的敏锐观察力，引导学生从宏观和微观的角度来分析和解决实际问题

■ 感受数据分析和市场研究的重要性，增强大数据意识

■ 加强对品牌形象和品牌价值重要性的认识，启发学生认同和尊重品牌文化

知识目标

■ 了解零售商品定位的原则和步骤，以及对商品进行规划的方法

■ 掌握零售商品定价的基本方法

■ 了解零售品牌的含义和数字化趋势对零售品牌发展的影响

技能目标

■ 能够通过市场调研和数据分析，洞察消费趋势，对零售商品进行规划

■ 能够通过识别消费场景与用户痛点，进行用户画像分析并为商品开发提供指导

■ 能够通过使用数据分析工具，进行零售商品结构分析与优化。

■ 能够通过分析零售品牌定位制定正确的零售品牌战略，初步具备打造零售品牌的能力

思维导图

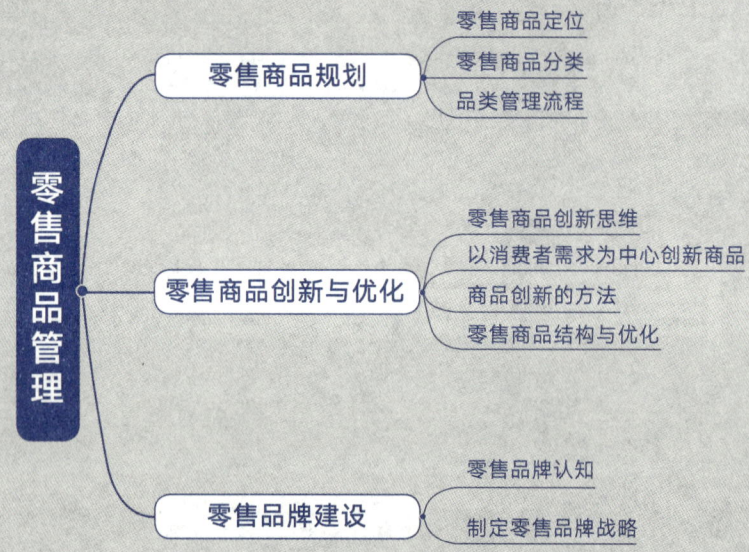

零售商品管理
- 零售商品规划
  - 零售商品定位
  - 零售商品分类
  - 品类管理流程
- 零售商品创新与优化
  - 零售商品创新思维
  - 以消费者需求为中心创新商品
  - 商品创新的方法
  - 零售商品结构与优化
- 零售品牌建设
  - 零售品牌认知
  - 制定零售品牌战略

学习计划

- **素养提升计划**

  _____

  _____

- **知识学习计划**

  _____

  _____

- **技能训练计划**

  _____

  _____

案例导入

从线上到线下，从服装到科技

汇美集团是消费者较为熟悉的国内时尚品牌企业。汇美集团在电商领域已经经营了 18 年，该公司采取多品牌、多品类、多渠道的业务发展战略，致力于打造线上线下流量互通、运营资源共享、多重品牌风格互补、时尚创意人才聚集的时尚生态圈。

2015 年，汇美集团正式启动"茵曼＋千城万店"的新零售战略，首创"实体门店＋电商＋社群"的品牌零售新模式，立足于粉丝经营的慢生活圈空间，始终围绕"场景、边界、社群、效率"四个核心要素展开，茵曼也由此成为第一个从线上走向线下的女装品牌。

2019 年，汇美集团战略投资建造的江西于都脉动智能制造时尚产业园正式开园，致力于打造全球领先的时尚产业智能制造供应链生态平台，为集团构筑了一条极具竞争力的高品质供应链。

从 2014 年到 2023 年，汇美集团旗下"生活在左"品牌坚持把"中国传统文化融入设计"的理念，将中国传统样式、图案、服装的款式通过创新和再设计赢得市场认可。

汇美集团是一家根植于互联网，又具备供应链能力的零售企业，其商业模式从单一的线上电商模式转变为线上线下深度融合模式，在产品研发、供应链运营、营销、组织结构及与消费者的关系等方面，均呈现出与传统企业不同的运营模式，在服装行业中极具创新性，具体表现在以下方面：

1. 多品牌、多品类、多渠道的战略

汇美集团采取了多品牌、多品类、多渠道的业务发展战略。这种战略能够满足不同消费者群体的需求，提供更加多样化的产品选择。同时，多渠道布局可以有效利用线上线下的优势，实现流量互通和运营资源共享。

2. 新零售模式的创新

汇美集团启动了"茵曼＋千城万店"的新零售战略，通过实体门店、电商和社群的结合，构建了一个全新的品牌零售模式。这种模式注重场景营销和社群经营，能够与消费者建立更加紧密的联系，提供个性化的购物体验。

3. 科技创新与供应链建设

汇美集团投资建造了智能制造时尚产业园，打造了高品质的供应链生态平台。这一举措体现了汇美集团对科技创新的重视，通过智能制造和供应链优化，提高产品质量和生产效率，为消费者提供更好的商品。

4. 互联网根植于品牌零售创新

汇美集团作为一家互联网根植的品牌零售企业，在产品研发、供应链、营销和组织结构等方面展现出创新性。通过运用互联网技术和数据分析，汇美集团能够更好地洞察消费者需求，为其提供个性化的商品和服务。

引思明理

汇美集团在数字经济背景下，从线上到线下、从服装到科技的转型，体现了其积极适应数字经济时代发展的战略决策。该企业坚持将中国传统文化融入设计理念，多品牌、多品类、多渠道的战略布局，新零售模式的创新，科技创新与供应链建设，以及根植互联网的品牌零售创新，使汇美集团在零售商品管理方面具备了更大的竞争优势。

零售商品管理是指一个零售商从分析顾客的需求入手，对商品组合、定价方法、促销活动，以及资金使用、库存商品和其他经营性指标做出全面分析并制订计划，通过高效的运营系统，保证在最佳时间，将最合适的数量，按正确的价格向顾客提供商品，达到既定的经济效益指标的过程。

第一节　零售商品规划

零售商品规划是指零售商为满足市场需求和实现销售目标而制定的战略性计划。它涉及从市场调研到产品开发、定价、销售渠道选择和营销推广等方面的全面规划，旨在确保零售商能够提供有竞争力的商品，满足消费者需求，增加销售额和市场份额。

零售商品种类繁多，商品的品质和契合消费者需求的程度对提高消费者生活品质，提升人民的幸福感、获得感影响重大。因此，如何根据商品不同的属性、特点和作用，经营出零售品牌的特色并打造出竞争优势，是制定零售商品规划的首要任务。

零售商品规划必须通过数据分析，对商品进行科学的规划并设计出合理的商品组合，以符合零售商的业态特征、市场定位和目标客户群，并形成与众不同的商品组合形象。

一、零售商品定位

零售商品定位是指零售企业针对目标消费群体和生产商的需求和动态，分析并确定自己所经营的商品结构，以实现商品配置最优化状态的活动，它包括对商品品类、价格、档次、服务等方面的定位。

（一）零售商品定位的原则

做好零售商品定位，需要遵循以下两个原则：

1. 适应性原则

适应性原则包括两方面内容：一是满足消费者需求，能够解决消费者的痛点；二是要与企业本身的人、财、物等资源配置相符合，才能保证商品保质保量，及时精准触达消费者，即人货匹配原则。

人货匹配是指根据消费者的需求和购买习惯，将相应的商品提供给消费者，以实现销售和盈利的过程。在这个过程中，商品作为满足人们需求的物品，扮演着重要角色。在数字经济时代的零售市场中，人与货的关系越来越需要考虑个性化和差异化的需求，以及消费者的身份认同和情感体验等因素。这种个性化需求可以通过大数据、人工智能等技术实现，从而实现人与货更加精准的匹配。有匹配度的推荐，不但能够让消费者迅速买到称心如意的品牌，还能够让消费者感受到此次消费互动过程中的诚意。

2. 竞争性原则

竞争性原则即差异性原则。零售商品定位需要建立在零售企业对市场上同行业竞争对手分析的基础上，包括对竞争对手数量、竞争对手实力及竞争对手的商品市场定位等方面的分析。零售企业只有了解目标客户和竞争对手的情况，根据消费者需求和购买习惯制定差异化的推广和销售策略，才能避免定位同质化，有效提高销售额和利润。通过对竞争对手的分析，可以对不同的消费者群体进行差异化的商品设计和定位。例如，通过对年龄、性别、地域等维度的分析，将商品划分为不同的品类和系列；根据品牌、种类、价格、功能等，更好地进行商品推广和销售，以满足消费者的需求。

（二）零售商品定位的步骤

目前主流的零售商品定位主要包括以下四个步骤：

1. 明确业态类型

零售业态的不同，实质就是店铺内商品结构的不同。例如，对于超市而言，生鲜食品类商品是主力，其占比一般会在 50% 以上。而对于便利店来说，消费者需要的是其便捷性，食品类以速食和饮料为主，生鲜食品较少。零售业态确定了商品的定位和商品构成。

2. 分析目标消费群体

只有充分了解目标消费群体的特征，才能有针对性地组织商品服务。通过对消费者的购买历史、浏览记录和行为轨迹等数据进行分析，可以为消费者提供更加精准的个性化推荐和营销策略。例如，将消费者划分为不同的群体，针对不同的群体提供不同的优惠和活动，以吸引消费者的关注并提高销售转化率。

3. 分析消费需求

通过深度了解消费者需求和偏好，为消费者提供个性化、定制化的客户服务和体验。例如，针对不同的消费者偏好，提供不同的产品和服务体验，如通过在线客服、定制化服务、快速配送等方式，增强消费者黏性和忠诚度，提升品牌价值和声誉。通过对消费者的需求和销售趋势进行分析和预测，可以优化库存管理，减少库存积压和滞销现象，提高运营效率和盈利水平。例如，根据消费者的购买历史和行为轨迹等数据，预测不同商品的销售趋势和库存需求，以便于零售企业及时补货和调整库存。

4. 新产品开发和创新设计

通过对消费者需求和偏好进行分析和挖掘，可以发现新的市场机会和创新点，推出符合消费者需求的新产品和设计。例如，通过对消费者的购买历史和行为轨迹等数据进行分析，发现潜在的需求和痛点，推出符合消费者需求的新商品，以提高商品的市场竞争力。在进行零售商品定位时，掌握各零售商品的分类，总结品类特色和卖点，满足消费者需求，对零售企业而言至关重要。

二、零售商品分类

动画：零售
商品分类

零售商品分类是指零售商按照一定的分类标志，科学、系统地将商品分成若干不同类别的过程。商品分类不仅是商品管理的基础工作，也是人货匹配达成的重要方法，直接影响零售商的市场定位和经营策略。

目前，我国零售企业一般采用综合分类标准，将所有商品划分为大分类、中分类、小分类和单品四个层次。

（一）大分类

大分类是零售商品构成中初始的划分。大分类的主要分类标准是商品的生产来源、生产方式、处理方式、保存方式等，类似的一大群商品集合起来作为一个大分类，如畜产、水产、果菜、日配加工食品、一般食品、日用百货、家用电器等分类。其中，水产分类的商品来源与水、海或河有关，保存方式及处理方式也相近，因此可以归成一大类。

在大卖场、百货商店等大型零售业态中，大分类的划分一般不要超过 10 种，这样比较容易管理。但仍然需要视经营者的经营理念而定，经营者如果想满足消费者更多的需求，大分类的划分数量可能会更多一些。

（二）中分类

中分类是对大分类的进一步细化，各种分类之间属于关联性分类，在陈列中常常被使用。中分类一般有以下三种方法：

1. 按商品功能与用途分类

例如，在"日配加工食品"大分类下，可以分为"乳制品""豆制品"等中分类，这是按照商品功能与用途进行的分类。

2. 按商品的制造方法分类

例如，在"畜产"大分类下，有"熟肉制品"中分类，该中分类包括火腿、香肠、熏肉、腊肉等商品，它们的功能和用途不同，但制造方法相似，因此熟肉制品就是中分类。

3. 按商品的产地分类

零售商有时希望突出某些商品的特性，同时又必须对这一分类加强管理，发展出以商品的产地为分类依据。例如"水果蔬菜"大分类下分为"本地水果蔬菜"和"外地水果蔬菜"。

(三) 小分类

小分类是在中分类中进一步细分出来的类别，是单品管理中最小的分类管理单位。小分类一般有以下分类方法：

1. 按商品的功能和用途分类

此种分类方法与中分类的原理相同，也是以商品的功能和用途为标准进行的更细的分类。例如，"乳制品"可以分为"全脂乳""脱脂乳""调制乳"等小类。

2. 按商品的规格和包装分类

商品的规格和包装等可以作为小分类的依据。例如，在"一般食品"大分类中的"饮料"中分类下，可以进一步细分为"听装饮料""瓶装饮料""盒装饮料"等小分类。方便面中的碗装方便面和袋装方便面也是这种小分类的分类方式。

3. 按商品的成分分类

有些商品也可以按商品的成分来归类。例如，在"日用百货"大分类中的"鞋类"中分类下，可以进一步细分出"皮鞋""布鞋""合成革鞋""塑料鞋"等小分类；"果汁饮料"根据果汁的纯度，可以分为纯度为100%的果汁和纯度为30%的果汁等。

4. 按商品的口味分类

商品的口味也经常用来作为小分类的依据。例如，在"饼干"中分类下，可以细分为"甜味饼干""咸味饼干""奶油饼干"和"果味饼干"等小分类；"牛肉干"可以分为"辣味""原味"等小分类，然后在小分类中进一步分出各种更细的单品。

(四) 单品

单品是指在商品分类中不能进一步细分的、完整、独立的商品，是有别于其他商品的一种商品。就某种商品而言，只有其品牌、型号、配置、等级、花色、包装容量、单位、用途、价格、产地等属性与其他商品都不相同，才可称为单品。例如，355毫升的听装可口可乐是一种单品，1.25升、2.5升的瓶装可口可乐就是另外两种单品。再如，某商品的外观包装虽然不同，但含量、价格一样，那么它还是一种单品。简单来说，商品条形码相同的，就是同一个单品。单品具有唯一性。

三、品类管理流程

品类是指商品或服务按照相似性和共性划分形成的种类。换而言之，品类是指易于区分、能够管理的一组商品或服务，消费者在满足自己需要时认为该组商品或服务是相关的和可以相互替代的。品类管理是指零售商与供应商把所经营的商品分成不同的类别，并把每类商品作为企业经营战略的基本活动单位进行管理，以取得更好的经营效果的活动。

（一）定义品类

定义品类是指明确品类的范畴、功能、结构，包括大分类、中分类、小分类等。在新零售时代，零售商需要以消费者的需求为出发点，通过优化品类、品牌、商品与消费者建立深度连接。此外，品类定义也会随着消费者需求和消费习惯的变化而变化。典型的如母婴品类。过去，母婴品类分散在服装、洗护品中，但随着消费者消费观念的升级，为了便于消费者选购，零售商往往将所有母婴类商品集中在一起陈列，于是出现了"宝宝屋""红孩子"等购物专区，母婴品类应运而生。

（二）确定品类角色

品类角色是指零售商根据自己的经营战略，运用一定的方法和衡量标准确定一个品类在其经营结构中所扮演的角色。品类角色不仅决定了零售商整体业务中不同品类的优先顺序和重要性，还决定了品类之间的资源分配。品类角色是从品类对零售商意义的角度来讨论某品类商品所能为零售商带来的利益。品类角色的确定及其对零售商经营所产生的贡献体现了零售商核心业务上的竞争力。

定义品类角色的方法有三种，即以零售商为导向的品类角色定位法，以消费者为导向的品类角色定位法，以及跨品类分析的品类角色定位法。目前，使用较为普遍的是跨品类分析的品类角色定位法。

1. 以零售商为导向的品类角色定位法

按照此种方法一般有以下三种分类方式：

（1）按消费者类型划分，即按照消费者的性别、年龄等标准进行分类。例如，根据消费者性别，将商品分为男士用品和女士用品；根据顾客年龄，将商品分为老年用品、婴幼儿用品。

（2）按商品特点划分，即按照商品本身的特征、用途、使用方法等进行分类。例如，按使用季节性，将商品分为夏季用品和冬季商品；按照商品产地，将商品分为进口商品、国产商品等。

（3）按商品间的销售关系划分，按商品间的销售关系不同，可将商品分为独立品、互补品、条件品和替代品。

①独立品，是指需求相互独立的商品，如奶粉和烘干机之间互为独立品。

②互补品，是指商品之间存在一定的消费依存关系，一种商品销售的增加必然引起另一种商品销售的增加。例如，计算机和打印机、电烤箱和烘焙材料等。

③条件品，是指一种商品的购买要以另一种商品的前期购买为条件，即只有曾经购买过某种商品的购买者才会成为另一种相关商品的潜在购买者。例如，墨盒的购买需求必须在购买喷墨打印机之后才会产生，喷墨打印机就是墨盒的条件品。

④替代品。是指一种商品的销售会降低另一种商品的潜在销售量，例如羊肉和牛肉。

2. 以消费者为导向的品类角色定位法

按照此种方法，可以将商品分为便利品、选购品、特殊品和非寻求品。

（1）便利品，是指消费者经常购买，比较熟悉且不必花时间做过多比较和选择的商品，如牙膏、牙刷、电池等。

（2）选购品，是指消费者在购买过程中，愿意花费较多时间和精力来观察、询问、比较选择的商品。这类商品的特点是价格高，使用周期长，属于中高档商品，如家电等。

（3）特殊品，是指具有特定性能、特殊效用和特定品牌的商品。这类商品一般有专属的消费对象，如无糖食品、孕妇用品等。

（4）非寻求品，又称非渴求品，是指消费者不了解，或者虽然了解但一般不会主动购买的商品。如刚上市的商品。

3. 跨品类分析的品类角色定位法

按照此种方法，可将商品分为目标性品类、常规性品类、季节性 / 偶然性品类和便利性品类。

（1）目标性品类，是指能代表零售商特色形象，能满足消费者需求、销售情况最好的产品。

（2）常规性品类，是指零售商用来吸引客流，抵抗竞争对手，满足消费者多方面需求，并能为零售商带来一定利润的品类。

（3）季节性 / 偶然性品类，是指由于特定时节或活动而销售的品类。在某个时期，该品类是重点经营的品类。例如，同一类商品根据不同季节、地点、场景，零售商会选择不同的货架陈列方式和促销活动等。

（4）便利性品类，是指方便消费者一站式购物的品类，即便价格可能会高一些，但是消费者仍愿意为此种便利性买单。

跨品类分析的品类角色定位法是一种以消费者为导向的品类角色定位法，同时兼顾了消费者、零售商和市场发展三方面的需求。

（三）品类评估

品类评估是指通过全面收集数据信息，深入分析零售商的经营情况，找出与市场竞争对手的差距，从而找到自身的优点和缺点的过程。开展品类评估的目的是了解品类的表现，为了找到改善零售商经营的机会，为下一步制定品类策略提供数据支持。

（四）制定品类策略

不同的零售商所设置的品类角色可能会相同，但由于零售商所面临的实际情况不同，所以不同的零售商应该选择不同的方式来实现经营目标，即零售商应该根据自身情况制定适合自己的品类策略。制定品类策略的目的是满足品类角色的发展需求，使其能够达到品类评估目标。品类策略既能帮助零售商实现品类管理所设置的目标，也能让零售商更好地实现差异化竞争。

（五）品类战术

品类战术是指为了实现品类经营策略和目标而采取的行动。在品类管理的各个步骤中，品类战术是真正落地实施的环节，它的落地实施效果直接体现了品类管理的成效。品类战术的落地实施与品类定义、确定品类角色、品类策略等环节的实施有着密不可分的关系。品类定义决定了品类管理的实施范围，不同的品类角色决定了要采取不同的品类策略，不同的品类策略决定了要运用不同的品类战术。在品类管理过程中，品类战术的运用能够更好地为消费者创造良好的消费体验，从而提升零售商门店的形象和品类销售业绩。品类战术主要包括以下五方面的内容：

1. 商品组合

商品组合是指零售商为消费者提供最佳商品选择，它决定了零售商为消费者提供的商品差异程度。高效的商品组合目标就是增加商品的多样性，降低商品的重复度。

2. 商品定价

商品定价是指零售商对品类及单品制定一定的价格标准。零售商的商品在消费者心中所形成的价格印象，是商品的价格优势、价格透明度、性价比综合作用的结果。商品定价战术主要可以采取以下四种方法：

（1）成本导向定价法。成本导向定价法基于商品或服务的成本来确定价格。该方法的核心思想是确保销售价格能够覆盖生产、运营和销售过程中产生的所有相关成本，并为企业提供合理的利润。在新零售背景下，成本导向定价法可以更加精确和高效地进行，利用数字化技术收集、分析和管理成本数据，为商品定价提供有力支持。

（2）市场导向定价法。市场导向定价法是指基于市场需求和竞争情况来确定价格的一种定价方法。它强调零售商应该从顾客的角度出发，通过市场调研和市场定位来了解消费者需求、竞争对手的定价策略和市场行情，以制定具有竞争力的价格策略。数字化技术为市场导向定价法提供了更多的机会和工具，如大数据分析、社交媒体监测等。

（3）竞争导向定价法。竞争导向定价法是指基于竞争对手的定价策略和市场竞争环境来确定价格的一种定价方法，其核心思想是根据市场竞争对手的定价行为和市场竞争环境来制定价格策略。在数字经济环境中，企业可以借助大数据分析和实时市场监测等工具来获取竞争对手的定价信息和市场动态，以此为依据来制定价格策略。

（4）价值导向定价法。价值导向定价法是根据消费者对商品价值的感觉及理解程度来制定产品价格。消费者对商品价值的认知和理解程度不同，会形成不同的定价上限，如果价格刚好定在这一范围内，消费者就能顺利购买，零售商也更为有利可图。其核心思想是根据消费者对商品或服务的感知价值来确定价格，将顾客的价值感知置于定价决策的中心，以满足消费者需求、提供满意的价值为目标。

3. 商品促销

高效的商品促销可以理解为在正确的时间，选择正确的单品，采取正确的促销方式，在正确的地方展示，配合适当的宣传，以吸引客流，提升商品的销量和品牌影响力。

在实施商品促销战术的过程中，从促销单品的选择到促销单品的展示方式，都要考虑到品类目标消费群体的特征，以及品类的策略等因素。如果想提高店铺的客单价，就不能只选择价值小的商品开展促销活动；如果想吸引中高收入阶层消费群体购买商品，就不能总选择低档商品。

4. 商品陈列

商品陈列决定了零售商货架的陈列方式，以及零售商按照次品类商品属性等原则来管理品类货架空间的标准，如品类货架的位置、分布结构、特定次品类和单品的货架空间分配等。货架既是零售商的重要资源，也是零售商与消费者沟通的重要渠道，它能向消费者展示零售商的销售策略，传递零售商的价值取向，引导消费者。

5. 商品供应

商品供应是指用较低的成本将正确的商品迅速补充到展示位置，以满足消费者需求的变化，从而避免或减少缺货情况的出现，维持较高的客户服务水平。高效的新品引进是零售商维持多样性商品品类组合的方法。高效的补货是品类管理顺利实施的有效保证，其主要目标是使店内的缺货率和商品库存天数得到有效控制。

第二节　零售商品创新与优化

零售企业只有及时根据市场需求对商品进行优化与创新，不断根据消费者反馈迭代商品，才能不被市场淘汰，因此满足消费者日益多元化的需求是零售企业生存和发展的关键。

一、零售商品创新思维

很多品牌商和企业已经认识到进行商品创新的重要性，多数成功的品牌商和企业在进行商品创新的时候都体现出下面六种思维模式：

（一）简约思维

简约思维就是将商品某些不必要的功能移除，然后再为其增加新的功能。在初代苹果手机发布之前，手机都是有很多按键的，但是苹果公司从简约思维出发，将手机从键盘按钮模式变成触摸屏模式，让手机外观变得简洁美观，彻底颠覆了人们对手机的认知。

但是，简约并不等于简单，在简约的背后需要企业不断打磨，不断测试，需要开发者从复杂的商品功能中提炼出核心要点，再从商品的核心要点中提炼出必需的功能。

（二）分解思维

分解思维是指将现有商品分解开来，先从不同的角度去观察商品的全貌，再将分解后商品的各部分重新组合，进而形成全新的商品。例如，多功能螺丝刀就是将原来的螺丝刀分解为刀头和刀身后，不同的螺丝刀可以共用一个刀身的新型组合产品。

（三）复制思维

复制思维是指在将商品现有的部分或功能进行复制时，需要对某一部分进行重要的变动。例如，吉利剃须刀在原有单刀片基础上增加一个刀片，其最主要的功能是在增加新刀片的同时，调整了新刀片的角度，使其与原来的刀片角度稍有不同，从而达成剃须更干净的效果。

（四）改变属性联系思维

改变属性联系思维是针对商品的某些属性之间的联系进行优化，企业即可以为不存在联系的属性创造联系，或者通过改变消除已经存在的联系来创造新的属性。例如，普通近视眼镜镜片的颜色与光线之间并不存在联系，但如果将单色镜片制成根据光线变化而变色的眼镜，佩戴近视眼镜的人就无须再选配太阳镜了。

（五）统合思维

统合思维是指在商品现有组成部分上添加新的元素，让商品的一个部件能够综合两种以上的功能。例如，将计算机的显示器部分和主机部分整合到一起，就形成了一体机。

（六）用户共创思维

在新零售环境下，零售企业将从过去经营商品的思维转换到经营用户，即围绕目标人群建立持续关系和连接，这也是会员制模式、社群经济兴起的核心原因。许多新商品均采取用户共创思维，这种思维在商品研发、公关设计等各个环节都得以体现。

二、以消费者需求为中心创新商品

这是数字经济时代新型的商品创新方式。通过调研挖掘用户需求，利用大数据和人工智能分析技术创新商品，达成精准匹配，引导消费者选择商品，培养消费习惯，从而形成对商品及品牌的忠诚度，实现"货找人"的吸拉式营销，改变以往通过搜索引擎形成的"人找货"式的推送式营销。

（一）消费场景分析

零售商品的消费场景指的是消费者购买商品的具体情境和场景。这些场景既可以是线上或线下的购物环境，也可以是特定的社交活动、节日、假期等。在不同的场景中，消费者的需求和偏好也会有所不同，因此零售商需要根据消费场景的特点来制定相应的营销策略和销售方案，以满足消费者的需求，提高销售额。

零售消费场景的发展可以分为传统零售时代和现代零售时代两个阶段。在传统零售时代，用户场景主要以实体店为主，消费者需要亲自到店里购买商品，消费场景以门店购买和线下支付为主。在现代零售时代，随着互联网和移动设备的普及，用户场景开始向线上转移。消费者不仅可以从电商平台购买商品，还可以通过手机 App、社交媒体等多种渠道进行购买。消费场景也从门店购买和线下支付向线上购买和移动支付转移。同时，随着新零售的兴起，线上和线下的用户场景逐渐融合，消费者可以在不同的渠道上购买商品，并选择更加灵活的支付和配送方式。

（二）挖掘用户痛点

用户痛点指的是用户在使用商品或服务过程中遇到的问题、困难、不满意、不便等方面的体验，对用户的使用体验和满意度造成影响，从而影响用户对商品或服务的认知和评价。用户痛点是零售企业需要关注的重要因素之一，了解用户痛点可以帮助零售企业更好地设计和改进商品或服务，提高用户的满意度和忠诚度。因此，零售企业需要先进行用户画像分析，然后找出用户画像与用户痛点，以及商品与用户痛点之间的关系。

1. 用户画像分析

用户画像（User Persona）是指将用户的个人信息、习惯、行为、态度等特征以虚拟人物的形式进行概括和表达，用于代表该用户群体的特点和需求。根据用户特点，零售企业可将用户画像分为不同的类别，以便于更好地理解和满足用户的需求。

进行用户画像分析的目的是帮助零售企业更好地了解目标用户，为用户提供更好的体验，提高商品的使用率和用户忠诚度。通过用户画像分析，零售企业可以更好地了解用户的需求，设计出更贴近用户需求的商品，并针对不同用户群体进行有针对性的营销活动。

用户画像的制作既需要收集用户的相关信息，如性别、年龄、职业、收入、兴趣爱好等，也需要结合用户的行为和反馈来进行深入分析。用户画像制作的具体步骤如下：

（1）收集用户相关信息。通过问卷、访谈、调查等方式获取用户相关信息，如个人信息、兴趣爱好、消费习惯等。

（2）分析用户行为和反馈。这是指对用户行为和反馈数据的分析，包括分析用户的搜索、点击、购买、评价等行为数据，以及用户的意见反馈和建议。

（3）整理用户画像。将收集到的用户信息和分析结果进行整理，制作出不同类型的用户画像，如主流用户、新用户、高端用户等。

（4）迭代和优化。根据用户反馈和市场变化，不断进行迭代和优化，保持用户画像的准确性和时效性。

用户画像的制作需要综合考虑多方面的因素，涉及数据收集、数据分析、用户研究等领域的知识和技能，需要专业的团队和工具来完成。

2. 用户画像与用户痛点之间的联系

用户画像与用户痛点密切相关。用户画像是通过分析用户的基本信息、兴趣爱好、消费习惯、行为等方面的数据，得出的用户的整体形象和特征。而用户痛点则是指用户在使用商品或服务过程中遇到的问题或不满意的地方，也是用户体验的关键因素。

通过用户画像分析，既可以更加深入地了解目标用户的需求和偏好，也可以发现用户的痛点。在挖掘用户痛点时，可以结合用户画像中的数据进行分析，从而找到用户痛点的具体表现形式、原因和影响因素等，以便更好地解决用户的痛点，提升产品的用户体验。

举例来说，如果一个电商平台的目标用户群体是年轻女性，那么通过用户画像分析既可以了解到她们更注重购物的体验感和时尚感，也会了解到她们比较关注商品的价格、品质和售后服务等。在这个基础上，电商平台可以通过用户反馈、调研等方式，挖掘出用户在购物过程中的痛点，比如商品细节描述不清、尺码选择不合适、退换货流程烦琐等，以便电商平台能够及时解决这些问题，提升用户满意度，提高销售额。

3. 商品与用户痛点之间的联系

商品与用户痛点之间存在紧密的联系，商品的设计应该基于对用户痛点的理解和分析，以满足用户的需求。用户痛点可以被定义为用户在使用商品或服务过程中遇到的困难、问题或者不满意的方面，例如使用体验不佳、功能缺失、价格过高、服务质量差等。了解用户痛点可以帮助零售企业更好地了解市场需求，提高产品的竞争力和用户满意度。因此，零售企业需要积极关注用户痛点，通过用户痛点挖掘的方法了解用户需求，从而提高商品的质量和竞争力。

数实融合新视界

以创新服务家庭用户群体

理想新能源汽车提出"移动的家"的概念，将车辆打造成一个可移动的生活空间。理想 ONE 车型配备了可折叠的第二排座椅，使得车内空间可以轻松容纳行李、婴儿车等物品。这一创新概念不仅增加了车辆的实用性，还为新能源汽车赋予了更多生活气息，引导刚需汽车用户选择使用其产品，并培养了客户忠诚度。

理想新能源汽车的市场份额占比并不高，但是该企业意识到不应与市场头部企业比销量和市场份额，而是应该尽全力放大自己的长板创新，比如面对家庭用户群体的产品创新能力。

三、商品创新的方法

动画：商品
创新的方法

（一）提供超出消费者预期的产品

通过用户痛点挖掘，找出能够打动消费者的卖点，包括商品的外形、价格、性能、品质等各个方面。很多成功的案例都是企业在经营自营商品时，将商品的某个方面做到最好，从而大力提升商品的销售。

例如，移动电源虽然是一种技术含量不高的产品，但是几乎每个人都需要。小米公司通过提供一款物美价廉的移动电源，创造出超越消费者预期的产品，从而成功吸引了消费者的关注。

（二）对商品进行微创新

对于中小型零售企业来说，如果没有足够的线上线下销量做支持，做自营商品存在很大的风险，因此中小型零售企业可以围绕商品进行微创新，从而深挖价值链。微创新也必须要以消费者需求为中心，以微小硬需、微小聚焦、微小迭代的方式寻找打动消费者的需求点，从而引发消费者的共鸣，引爆消费者的口碑营销。微创新既可以体现在商品的包装、商品的陈列上，也可以体现在商品的优惠组合上，还可以体现在商品的微定制上。无论是何种创新，关键是要让消费者直接感知到商品的这种创新。例如，每日坚果品牌根据市场调研需求，将大包装足斤两的单品种坚果根据不同年龄人群的营养需求，改变为多种组合的小包装，方便年轻白领上班族早餐和工作间隙的营养补充，从而带来销量的增加。

（三）利用数据分析辅助创新

在数字经济时代，寻找优质的商品或者对商品进行微创新的关键是通过数据分析找到消费者的需求点。数据分析和优化是持续改进和提高零售商品规划的重要环节。零售商可以利用数据分析工具和指标，评估商品表现、销售渠道效果和市场份额，并根据分析结果优化商品组合、定价策略、促销活动和渠道选择，持续监测市场动态和消费者行为变化，及时调整和改进商品策略，以保持竞争优势。新零售实现了全供应链的数字化，实时动态的数据能为零售企业实施数据分析提供便利。因此，零售企业需要加强数据分析意识，自觉主动采用更加先进的技术和方法，例如，数据挖掘、机器学习、人工智能和云计算等技术，更快、更精确地收集、处理和分析数据，为零售企业提供更加准确和全面的商品优化和创新分析。

四、零售商品结构与优化

（一）零售商品结构的概念

零售商品结构是指符合零售企业市场定位及商圈消费者需要的商品组合。零售商品组合是指一个零售企业经营的全部商品结构和经营范围，即全部商品线和商品项目的组合方式。商品线又称商品系列或商品大类，是指具有相同功能的一组类似商品。商品线一般由若干商品项目构成。商品组合不同，零售商经营的特点也不同。科学地确定商品组合，不仅有利于零售商有效利用自身资源，也有利于零售商提高经营水平和服务质量。

在明确商品组合的基础上，零售商需要进一步确定店铺的商品结构。如根据商品的销售量、销售金额及与商品之间的关联性，可将商品分为主力商品、辅助商品和关联商品等；根据商品引入的时间长短，可将商品分为新商品和旧商品；根据商品受消费者购买欢迎程度不同，可将商品分为畅销品和滞销品等。

由于经营环境的不断变化，零售商品结构是一个不断优化的过程。只有确定合理的零售商品结构并不断对其调整优化，才能充分利用有限的陈列空间，达到扩大销售、降低成本、提高经营效益的目的。

（二）零售商品结构的优化

零售商品结构的优化，一般可以从以下几个方面进行：

1. 完善主力商品

主力商品是指周转率高、销售量大的拳头商品。在零售经营中，主力商品占商品结构的绝大部分。

2. 完善高中低档商品的构成

高中低档商品的配备根据零售商目标消费群体的特点而定。以高收入群体为目标客户的零售商，可采取以中高档商品为主的策略，经营比重一般为高档商品占 50%、中档商品占 10%；主要面向大众消费者的零售商，可以采取以中低档商品为主的策略，经营比重一般为高档商品占 10%，中档商品占 40%、低档商品占 50%。完全面向低收入群体的零售商，一般按中档商品占 30%、低档商品占 70% 的比例进行配备。高中低档商品的合理配备可以满足不同层次消费者对商品的需求。

3. 完善新商品的引入

新商品是指某零售商从前从未经营过的商品。零售商引入新商品时，需要按照以下步骤进行：①编制年度新商品的引进计划；②选择新商品；③新商品试销：④正式引进新商品；⑤管理引进后的新商品。在一般情况下，普通零售门店的商品更新率为 10% 左右。某些具有经营特色的零售企业，如罗森等便利店，因其有特色的新鲜食品和自有商品，可以实现每年高达 50% 的商品更新率。同时，当市场有更好的新商品出现、更新速度加快时，零售商也要根据外部环境和消费者的需求变化及时提高新商品引入的比重。

4. 加强畅销商品的培养

畅销商品是指市场上销路好、没有积压和滞销，受到消费者喜爱，销量高的商品。畅销品一般处于商品生命周期的成长期或成熟期。零售商应把握零售商品的发展规律，从商品的选择、管理和推广等阶段，不断挖掘和培养特有的畅销品。

5. 完成滞销商品的淘汰

滞销商品是指市场上销售不畅、形成销售停滞和积压的商品。滞销商品和畅销商品是相对而言的，随着商品生命周期和消费者需求的变化，很多商品经过一段时间后，会由畅销商品转化为滞销商品。因此，零售商每年都要淘汰相当数量的滞销商品。按照合理的商品淘汰程序对滞销商品进行淘汰；做好记录，整理归档，以免因年久或人员变动等因素，重新引入滞销商品而造成不必要的损失。

第三节 零售品牌建设

一、零售品牌认知

（一）品牌的定义

品牌是指消费者对某类产品及产品系列的认知程度。品牌的本质是品牌拥有者的产品、服务或其他优于竞争对手的优势能为目标受众带去同等或高于竞争对手的价值。

广义的品牌是具有经济价值的无形资产，用抽象的、特有的、能识别的特征来表现其差异性，从而在消费者意识当中占据一定位置的综合反映。

狭义的品牌是一种拥有对内对外两面性的标准或规则，是通过对理念、行为、视觉、听觉四方面进行标准化、规则化，使之具备特有性、价值性、长期性、认知性的一种识别系统的总称。这套系统称为 CIS（Corporate Identity System，企业识别体系）。

品牌是给拥有者带来溢价、产生增值的一种无形资产，它的载体是用于和其他竞争者的产品或劳务相区分的名称、术语、象征、记号、设计及其组合，增值的源泉来自消费者意识中形成的关于其载体的印象。品牌承载更多的是一部分人对其产品以及服务的认可，是一种品牌商与消费者购买行为之间相互磨合衍生出的产物。

（二）零售品牌的定义

零售品牌是指零售企业通过开发独特的商品，并在市场中建立起独有的品牌形象和品牌价值，以此赢得消费者的信赖和忠诚度，实现销售增长和市场份额的提升。

在零售业中，零售品牌的意义十分重要。一方面，零售品牌能够赋予商品以特殊的意义和品位，提高商品的附加价值和认知度；另一方面，零售品牌能够构建起零售企业独特的形象和口碑，赢得消费者的信任和忠诚，进而促进企业长期发展。因此，对于零售企业来说，建立自己的零售品牌，是一项非常重要的战略决策。

（三）零售品牌的分类

随着技术创新和消费者需求的变化，零售品牌的分类会变得更加多样化，目前零售品牌主要有以下几种类型：

1. 传统品牌

传统品牌是指具有一定历史和文化背景的品牌，通常在产品质量、口碑和市场份额等方面拥有优势。传统品牌通常注重品牌形象和品牌故事的讲述，适合通过线下渠道进行销售和营销。

2. 数字化品牌

数字化品牌是指在数字化环境下，利用互联网、社交媒体等渠道，通过数字化营销手段建设的品牌。数字化品牌注重线上渠道的营销和推广，具有快速响应、交互性强等特点。

3. 科技品牌

科技品牌是指利用科技创新、数字化技术等技术与手段进行品牌建设和产品研发的品牌。科技品牌具有技术含量高、研发投入大、用户体验较好等特点。

4. 社会责任品牌

社会责任品牌是指注重社会责任和可持续发展的品牌。社会责任品牌注重品牌形象的公益价值，倡导环保、公益事业等社会主题，强调企业的社会责任感。

5. 体验品牌

体验品牌是指注重创造独特体验和情感价值，能引发消费者情感共鸣的品牌。体验品牌通过产品设计、品牌故事、营销手段等方式，打造独特的消费体验，从而提升品牌忠诚度和用户体验。

6. AI 品牌

AI 品牌是通过人工智能技术实现个性化服务和智能化交互的品牌。这些品牌通常拥有自主研发的 AI 技术，能够自动化地处理大量的消费者数据和交互信息，并提供更智能、更便捷的服务和体验。

随着数字经济和技术的发展，零售品牌的分类将越来越多样化和精细化，零售企业需要根据市场和消费者需求灵活调整自己的品牌策略和运营模式。

(四) 零售品牌的未来趋势

随着数字经济的不断发展，消费者行为不断变化，营销手段不断升级，AI技术和大数据技术的不断驱动，未来零售品牌建设将更加体现数字化，进而呈现出如下趋势：

1. 数字化和个性化

随着数字化技术的应用，消费者对于个性化、差异化的需求将会越来越高，零售品牌需要通过数据分析和人工智能等技术，了解消费者需求，进行个性化的产品开发和推广。

2. 品牌生态系统

未来零售品牌将不再局限于单一的产品品类，而是构建起一个完整的品牌生态系统。例如，零售品牌可以通过衍生品牌、跨品类联合等方式，打造更为完整的品牌形象。

3. 社交化和互动化

未来消费者不再满足于单一的购买行为，而是更加注重品牌与消费者的互动和社交。因此，零售品牌需要通过社交媒体等平台，加强与消费者的互动和沟通，与消费者建立更紧密的品牌关系。

4. 绿色环保和社会责任

未来消费者对于环保和社会责任的关注将越来越高，零售品牌需要关注产品的环保性和社会责任，积极参与公益事业，建立社会责任感强的品牌形象。

5. 跨界合作和共赢

未来零售品牌需要通过与其他品牌的跨界合作，实现资源共享和优势互补，打造更具竞争力的品牌。同时，跨界合作也可以帮助零售品牌进一步拓展市场，提高零售品牌的影响力和知名度。

数实融合新视界

数字藏品

随着年轻一代对虚拟物品的接纳度越来越高。数字藏品正成为越来越多品牌与年轻人沟通的有效手段。

所谓数字藏品，是指使用区块链技术进行唯一标识的数字化的特定作品、艺术品和商品，每个数字藏品都映射着特定区块链上的唯一序列号，不可篡改，不可分割，也不能互相替代。

银泰百货联合某高端美妆品牌首次推出限量版"大典"系列数字藏品，并于当天零点上线。该系列有两个藏品——凤凰图腾和双凤扇，限量 1 000 件，用户在银泰百货天猫旗舰店购买"龙凤和鸣"套装即可享有。

该系列数字藏品是结合东方传统图腾凤凰形象，在配色上采用了喜庆庄严的红金色，象征红漆描金及浅浮雕的古典工艺，以收藏级三维模型精度进行设计打造，并通过银泰百货进行传播和发行。上线 5 分钟，500 份凤凰图腾数字藏品即告售罄。

继银泰百货与知名设计师合作首发限量版"大典"系列数字藏品后，包括曼卡龙"爱意永恒"等 5 款数字藏品又在银泰百货天猫旗舰店及线下专柜首发，商场也开始成为数字藏品触达年轻用户的重要通路。

此次与银泰百货合作首发或联名的数字藏品，除了在旗舰店购买商品可获取外，也可以到门店领取、核销，这是数字藏品首次通过专柜发售的形式与年轻人面对面，品牌商希望以这种创新的方式拉近与年轻人的距离。

二、制定零售品牌战略

品牌战略对于零售企业来说至关重要，它不仅能够帮助零售企业塑造独特的品牌形象，还能够增强企业在市场中的竞争力。

（一）零售品牌定位

零售品牌定位是指零售企业在市场定位和产品定位的基础上，对特定的品牌在文化取向及个性差异上的商业性决策，它是建立一个与目标市场有关的品牌形象的过程和结果。简单来说，零售品牌定位就是为某个特定零售品牌确定一个适当的市场位置，使其在消费者心中占据特殊位置，使消费者形成潜在的消费意识，当产生相应的需求时，会在第一时间从潜意识中调取零售品牌标签并进行自主消费。比如，在吃火锅或者吃烧烤时，消费者会立刻想到"怕上火喝加多宝"。企业一旦选定了目标市场，就要设计并塑造自己相应的产品、品牌及企业形象，以争取目标消费者的认同。零售品牌定位可以从以下几个方面进行：

1. 消费者心理分析

消费者的认同和共鸣是零售商品销售的关键。零售品牌定位需要掌握消费者心理，把握消费者购买动机，激发消费者的情感，不失时机地进行市场调查。成功的零售品牌定位一是必须简明扼要，抓住要点；二是能引起消费者共鸣；三是要有针对性，针对目标受众关心的问题和他们的认知水平。

2. 调研分析零售品牌环境

调研分析零售品牌环境的目的是使零售品牌定位与零售企业资源相协调。首先，在产品上，受零售品牌产品有用性等因素的限制，零售品牌定位应有所区别；其次，在竞争优势上，零售品牌定位的成功与否并不一定取决于零售企业的综合实力，而在于谁能将自己的优势有效融合到零售品牌定位的过程中，从而塑造出个性化的零售品牌。

3. 创造品牌差异化优势

创造品牌差异化优势是零售企业品牌策划的一个重要环节，其目的是寻求差异点，提炼个性。应该注意，从竞争角度分析竞争者的定位信息，是为了赢得与竞争对手相比的优势，而这种比较优势是针对同一顾客群的。因此，只有目标市场与本企业相同或相似的竞争者定位信息才对本企业有价值的。

4. 满足消费者需求

零售品牌定位一定要与目标市场需求相吻合，进行零售品牌定位后的产品是为特定消费者群量身定做的产品，零售企业应牢牢抓住这部分消费者，零售品牌定位应依据消费者的个性化需求而产生，也在满足消费者个性化需求中实现其主要价值。

5. 凝练零售品牌定位理念

零售品牌定位理念是品牌定位的灵魂，它是零售企业通过品牌定位活动传达给消费者的一种理念。零售品牌定位理念借助质量定位、功能定位、包装定位、渠道定位、价格定位、广告定位等几个方面得以实现，消费者也是从上述几个方面来了解和接受零售企业的品牌定位理念的。一般来说，零售品牌定位理念是附着在一定的零售品牌定位方式之上的，而零售品牌定位方式则是通过零售商品的质量、功能，直至广告等方面中的一个或几个的组合表现出来。

数实融合新视界

深挖消费者需求，做好品牌建设

网易严选是网易旗下原创生活类自营电商品牌，是国内首家 ODM（Original Design Manufacturer，原始设计制造商）模式的电商，以"好的生活，没那么贵"

为品牌理念。网易严选通过 ODM 模式与大牌制造商直连，剔除品牌溢价和中间环节，为消费者甄选高品质、高性价比的天下优品，将网易打造成全品类的生活类电商品牌。

网易严选在品牌建设方面取得了显著的成绩。

首先，网易严选作为网易旗下受新中产喜爱的生活方式品牌，覆盖居家生活、服饰鞋包、美食酒水、个护清洁、母婴亲子、运动户外、数码家电、严选全球八大品类。它不仅提供高品质的商品，还倡导简约、实用、环保的生活方式，深受消费者喜爱。

其次，网易严选贯彻"严选好物，用心生活"的品牌理念，秉承网易一贯的严谨态度，深入世界各地，与全球优质供应商合作。从挖掘消费者需求出发，按需订制，全程参与把控工艺生产环节，为消费者提供好价格、好商品和好服务的优质体验。这种品牌理念得到了消费者的认可和信任。

此外，网易严选还上线了宠物子品牌"网易天成"，主打中高端宠物市场，进一步扩大了品牌影响力。同时，网易严选商品严格选自一线品牌制造商，由网易公司负责采购、品控、物流、销售、售后，提供 30 天无忧退货服务。这种严格的品质把控和服务保障，使得消费者对网易严选的商品更加信任和满意。

综上所述，网易严选通过高品质的商品、简约环保的生活方式倡导、严谨的生产流程和优质的服务保障，赢得了消费者的认可和信任。

（二）开展零销品牌定位的有效策略

零售品牌定位是零售企业进行市场定位的核心和集中表现。零售企业一旦选定了目标市场，就要设计并塑造与目标市场相适应的商品、品牌及企业形象，以争取目标消费群体的认同。

零售企业开展市场定位的最终目的是实现商品销售，而零售品牌是零售企业传播商品相关信息的基础，是消费者选择商品的主要依据，因此，零售品牌就成为连接商品与消费者的纽带。在新零售环境下，零售企业开展品牌定位的基本策略如下：

1. 将零售品牌人格化

将零售品牌人格化就是将品牌拟人化，赋予品牌以"人"的特征，让其具有人格个性，将品牌打造成一个随时可以和终端消费者进行互动的"人"。它有鲜明的个性，有自己的价值主张；可以和消费者做朋友，可以让消费者真将品牌人格化。零售企业首先需要从品牌的商品特点和目标消费群体出发，明确品牌所要扮演的角色，然后让品牌以这种角色与消费者建立互动关系，并长期保持这种关系。

2. 从零售商品品类进行定位

从零售商品品类进行定位，是指零售商将自己的品牌与竞品明确区分开来，突出品牌明显的、与众不同的风格和特色，强调品牌在竞品中的优势地位。

3. 从零售品牌的利益诉求点进行定位

零售企业向消费者强调零售品牌的利益诉求点，突出商品的差异化特点，满足消费者的核心需求是促使消费者产生购买行为的重要驱动力。因此，零售企业可以从品牌的利益诉求点出发，对品牌进行定位。

从零售品牌的利益诉求点出发进行品牌定位时，需要注意三个问题：一是零售品牌的利益诉求点不宜过多，要突出重点；二是零售品牌做出的利益承诺要符合消费者的期望值，不能过度夸大；三是零售品牌的利益诉求点要避开竞争者在消费者心目中的强项和优势，零售企业可以利用竞争者没有触及的诉求点来确定品牌的优势位置。

4. 从零售商品的品质、工艺和技术进行定位

对于具有较强的零售商品研发实力，或者具有商品专利权的零售企业来说，可以从零售商品的品质、工艺和技术出发来进行品牌定位。

在购买商品时，消费者往往更关注企业的生产实力及商品的品质。对于零售企业来说，拥有零售品牌独有的品质标签、经得起考验的商品品质，以及核心生产工艺等核心的技术，是赢得消费者信赖与忠诚的关键。

5. 从价格锚点进行定位

价格锚点是指零售商品价格的对比标杆。简单来说，价格锚点就是通过为零售商品设计一些参考价格来让消费者看到零售商品的价值，最终促成零售商品的成交。

在数字经济时代，信息高度透明化，人们可以通过各种渠道获得各类信息。在商品交易中，商品的性价比是消费者最关心的问题。在做出购买决策之前，消费者往往会对各个品牌的同类商品进行综合对比，从中找出性价比最高的商品。因此，对于零售企业来说，打造高性价比的零售商品，彰显零售品牌的优质品质，是赢得消费者青睐的有效策略。

6. 从零售品牌的文化内涵及理念进行定位

零售品牌所具有的文化内涵和理念是其独有的文化资产。通过各种渠道的宣传，消费者会对零售品牌的文化内涵及理念产生高度认同感和信赖感。零售品牌的文化内

涵及理念需要在经营过程中逐步沉淀，并且能够在零售企业内部和外部市场形成一种高度统一的认知。它不仅能够增强零售企业内部员工的凝聚力，而且可以培养消费者对零售企业品牌的情感认同。

7. 对终端用户群进行定位

对终端用户群进行定位，就是通过直接锁定目标消费群体，将目标消费群体的需求直接与零售品牌的商品功能进行连接，突出零售商品功能针对该消费群体的服务特点。

这种定位方法就是向外界强调该零售品牌的商品是给谁用的，向用户传达该零售品牌的商品就是为其量身定制的信息，让用户对该品牌形成初步印象，并在后期不断强化这个印象，让用户对该品牌产生"专属定制"的心理认同感，从而提升特定消费群体对该零售品牌的信赖感和忠诚度。

8. 蓝海策略定位

蓝海策略定位就是零售企业通过进行市场调研和分析，找出当前目标市场中的空白区域，或未达到的细分领域，并挖掘新的市场商机。

做好蓝海策略定位的关键就是寻找到市场的空白点，或者是竞争者未触及的新领域，也可以直接跨界开辟一个新市场，避免与竞争者产生激烈的正面交锋，为消费者提供更多、更好的选择。

（三）制定零售品牌战略规划

零售品牌战略规划是一个涉及品牌定位、市场分析、产品策略、渠道布局、销售策略等多个方面的过程。下面是制定零售品牌战略规划的简单步骤。

（1）零售品牌定位。确定零售品牌定位，明确零售品牌的目标受众、品牌形象、价值主张等。

（2）市场分析。对目标市场进行深入分析，了解市场规模、竞争对手、消费者需求、消费行为等，为制定零售品牌战略提供数据支持。

（3）产品策略。根据市场分析的结果和零售品牌的定位，确定产品设计、品质要求、价格水平、销售渠道等。

（4）渠道布局。考虑零售品牌的销售渠道，包括自有门店、线上渠道、线下渠道等，制订渠道管理计划。

（5）营销策略。制订促销计划、营销活动计划、售后服务措施等，提升销售效果。

（6）监测与调整。对营销策略进行监测和评估，收集市场反馈，根据市场反馈情况及时调整策略。

总之，制定零售品牌战略规划需要从市场、消费者、产品、渠道和营销等多个方面考虑，以实现零售品牌的长远发展。

调查研究与善作善成
零售商品定价策略

调研背景

在竞争激烈的市场中，正确定价对于吸引消费者、提高销售和保持盈利至关重要。本次实训将帮助学习者了解不同的定价策略，并制定商品的定价策略。

调研步骤

（1）研究竞争对手。调查并分析所在地区类似零售店的商品定价情况。了解它们的价格范围、促销活动，以及市场份额。

（2）确定定价目标。确定定价目标是追求高利润还是以低价吸引消费者？或者是寻找一个平衡点？

（3）进行成本分析。仔细计算每种商品的成本，包括原材料成本、生产成本、人工成本、物流成本等。

（4）确定竞争定价策略。根据对竞争对手的调查结果，制定相应的定价策略。可以选择高于、低于还是持平于竞争对手的价格。

（5）分析定价弹性。分析所销售的商品的定价弹性，即价格变动对需求量的影响程度。这将有助于确定是否可以提高或降低价格以增加销量。

（6）确定促销策略。考虑使用促销活动来吸引顾客和增加销量。可以考虑采用打折、送赠品、送优惠券等促销方式，并对实施时间和范围制订计划。

（7）调整定价策略。根据市场反馈和销售情况，评估商品定价策略的有效性。如果需要，可以进行相应的调整。

调研要求

根据以上要求，撰写一份报告，包括以下内容：

（1）竞争对手分析。列出竞争对手的名称、定价策略和市场份额。

（2）确定定价目标。明确自己的定价目标，并解释选择该目标的理由。

（3）进行成本分析。列出每种商品的成本细节，并计算出合理的利润率。

（4）确定定价策略。描述自己的商品定价策略，并解释为什么选择该策略。

（5）定价弹性分析。说明所销售商品的定价弹性，并推导出相应的商品定价策略。

（6）确定促销策略。列出计划实施的促销活动、时间和范围。

（7）调整定价策略。根据市场反馈和销售情况，评估商品定价策略，并提出必要的调整建议。

学习检测

一、单项选择题

1. 做好商品定位需要遵循适应性原则和（　　　）原则。

    A. 人货匹配　　　　　B. 竞争性　　　　　C. 同质化　　　　　D. 精准性

2. 以下不属于品类评估的内容的是（　　　）。

    A. 品类发展趋势评估　　　　　　　　B. 零售商销售表现评估

    C. 市场竞争对手表现评估　　　　　　D. 供应链评估

3. 品类战术是指（　　　）。

    A. 为了实现品类经营策略和目标而采取的行动

    B. 为了能够更好地为消费者创造良好的消费体验

    C. 为了提升零售商门店的形象和品类销售业绩

    D. 为了找到改善企业经营的机会

4. 以下不是商品创新思维的是（　　　）。

    A. 简约思维　　　　　B. 分解思维　　　　　C. 否定思维　　　　　D. 复制思维

5. 以下不是零售品牌分类的是（　　　）。

    A. 文化品牌　　　　　B. 数字化品牌　　　　　C. 科技品牌　　　　　D. 传统品牌

二、多项选择题

1. 中国零售业商品采用中国综合分类标准，可以将所有商品划分为（　　　）个层次。

    A. 大分类　　　　　B. 中分类　　　　　C. 小分类　　　　　D. 单品

2. 定义品类角色的方法包括（　　　）。

    A. 以零售商为导向的品类角色定位法

    B. 以消费者为导向的品类角色定位法

    C. 跨品类分析的品类角色定位法

    D. 以平台为导向的品类角色定位

3. 商品定价方法主要包括（　　　）。

    A. 成本导向定价法　　　　　　　　B. 市场导向定价法

    C. 竞争导向定价法　　　　　　　　D. 价值导向定价法

4. 开展品牌定位的有效策略有（　　）。

    A. 将品牌人格化

    B. 从商品的利益诉求点进行定位

    C. 从商品的品质、工艺、技术进行定位

    D. 从品牌的文化内涵及理念进行定位

    E. 蓝海策略定位

5. 商品创新的方法有（　　）。

    A. 追求极致，提供超出消费者预期的产品

    B. AI 创新

    C. 对商品进行微创新

    D. 数据分析辅助创新

三、判断题

1. 商品定位包括对商品品类、价格、档次、服务等方面的定位。　　　　　　　　（　　）

2. 零售商品结构是指符合公司市场定位及商圈顾客需要的"商品组合"，虽然商品组合不同，但零售商的经营特点差不多。　　　　　　　　（　　）

3. 零售人货匹配的关键在于理解消费者的需求，对商品进行精细化分类和组合，提高商品的销售效率。　　　　　　　　（　　）

4. 用户画像是通过分析用户的基本信息、兴趣爱好、消费习惯、行为等方面的数据，得出的用户的整体形象和特征，而用户痛点是指用户在使用产品或服务的过程中遇到的问题或不满意的地方，两者没有关系。　　　　　　　　（　　）

5. 品牌是指消费者对某类产品及产品系列的认知程度，本质是品牌拥有者的产品、服务或其他优于竞争对手的优势能为目标受众带去同等或高于竞争对手的价值。　　（　　）

第 五 章

零售供应链管理

学习目标

素养目标

- 感受中国日新月异的供应链管理创新，激发创新精神
- 强化供应链上节点企业利益共享、风险共担的合作精神和责任担当
- 锚定供应链自主可控、强国有我的历史使命感

知识目标

- 掌握零售供应链的概念和特征
- 熟悉零售供应链的产生背景和供应链管理合作共赢的理念
- 掌握零售供应链管理的内容和零售商在零售供应链中的定位
- 掌握供应链模式下采购管理和物流管理的策略

技能目标

- 能够正确处理供应商关系，选择合适的供应商，确保供应链稳定
- 能够采用定性和定量方法，正确开展需求预测，保证有效供应
- 能够选择供应链库存管理策略，合理安排库存分布，保证供需平衡

思维导图

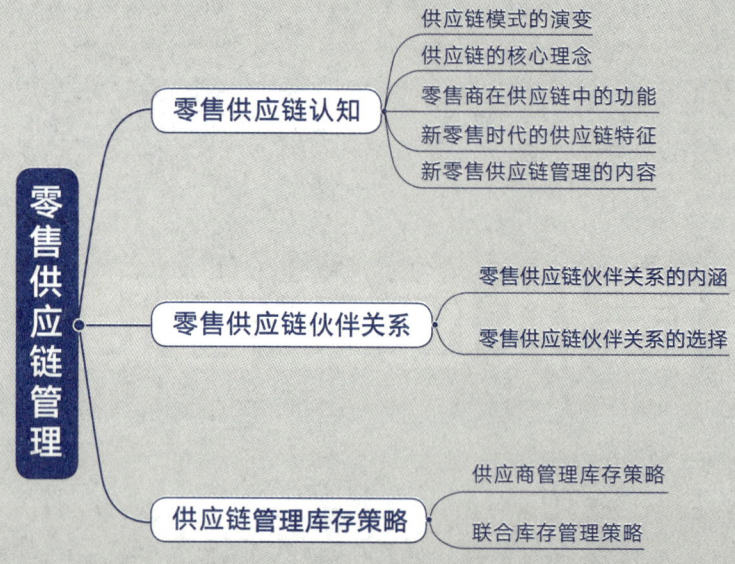

零售供应链管理
- 零售供应链认知
  - 供应链模式的演变
  - 供应链的核心理念
  - 零售商在供应链中的功能
  - 新零售时代的供应链特征
  - 新零售供应链管理的内容
- 零售供应链伙伴关系
  - 零售供应链伙伴关系的内涵
  - 零售供应链伙伴关系的选择
- 供应链管理库存策略
  - 供应商管理库存策略
  - 联合库存管理策略

学习计划

■ 素养提升计划

_____

_____

■ 知识学习计划

_____

_____

■ 技能训练计划

_____

_____

案例导入

盒马鲜生的供应链运营

零售企业需要适应充满挑战的大变革时代，不断满足消费者对于高品质、低价格商品的需求。但是，在降价的同时依然能够盈利，考验着零售企业的整体运营能力，零售企业需要尽可能降低采购成本、运营成本、组织管理成本等成本项目。

盒马鲜生开始推行全新的采购模式，启动"折扣化"变革，多个品类的商品价格在线下门店普遍直降两成。人们发现，商品的价格下降了，商品的量却没有下降，甚至有的商品还加量不加价，这都离不开供应链的支撑与变革。

2023 年 4 月 18 日，盒马鲜生在江苏昆山投资的烘焙工厂"糖盒"正式投产运营，成为国内首个实现"从一粒小麦到一个面包"的全链路生产的烘焙工厂。糖盒工厂的定位是通过垂直整合烘焙上游供应商和下游制造企业，利用产业优势，打造新零售烘焙供应链体系，服务盒马鲜生在长三角的上百家门店，现已成为国内烘焙行业最大的产业互联网平台。

2023 年 9 月 1 日，在 2023 中国国际水果展上，盒马鲜生与 17 家顶级"水果巨头"签订战略合作协议，将供应链垂直向上延伸。通过"中国本土 + 海外基地"的全球化布局，实现了全年销售不断档；通过调配产地、极大拉长了赏味期限。大大减少了整个供应环节的交易和运输成本，进一步降低了水果价格、保障新鲜度和品质。

2023 年 10 月 13 日，盒马鲜生与江苏海安商贸物流园管委会签署投资协议，将在江苏省海安市建设首个冷冻面食智能工厂，引进国内外先进技术，打造从面粉到冷冻熟面的完整产业链。而在此之前，盒马与乳制品企业深入合作的鲜奶、娟姗牛奶、口味奶等奶制品已经采用这种垂直供应链模式，降低运营成本。

盒马鲜生的垂直供应链模式，主要采用以基地为核心（如水产、水果等鲜品）和以工厂为核心（如食品、预制菜等成品）两种模式，盒马鲜生表示，未来更多的产品都将通过垂直供应链建设，降低采购和运营成本，提高产品质量。

引思明理

零售企业想要在激烈的市场竞争中获得优势，就必须理解人民群众的需求，提供满足消费者期望的高品质、低价格的商品和服务。企业竞争是供应链的竞争，供应链整合对于降低成本、提高产品质量和满足消费者需求非常重要，供应链的高效、稳定和安全，既是国家战略，也是关系到企业发展甚至生存的重点问题。面对世界经济放缓和消费者需求变化的大环境，零售企业通过供应链的优化和变革，可以降低成本、提高产品质量，并在市场竞争中获得竞争优势。

第一节　零售供应链认知

微课：认识
供应链

随着数字经济的兴起，在传统的百货商场、连锁店和超级市场之后，逐渐出现网络零售、无人零售、无界零售及全渠道零售等零售业的重大变化，消费者需求也变得更加多样化和个性化。在中国经济走向全球化的今天，企业之间的竞争变得更加激烈。来自内部决策体系和复杂供应链体系的双重阻力，使企业在商业变化中面临巨大的转型困难。零售企业要想在市场上保有一席之地，必须不断创新服务模式，提高产品质量和供应效率。

不论是线上线下相结合的零售业态，还是社交电商，都是围绕目标用户展开的场景设计和服务提供闭环。随着规模的扩大，企业供应链整体管理越来越受到重视，以保障客户服务的及时和稳定，这驱动了供应链一体化的需求，零售企业需要积极整合供应链资源，改善物流和运营效率，以满足市场和用户需求，提升整个供应链的韧性和安全性。

零售供应链包括从采购到交付给最终消费者的整个过程，它由多个组成部分协同工作来确保产品能够在规定时间内以正确的状态交付给客户。这些组成部分包括供应商管理、采购管理、库存管理、物流管理和供应链协调等，呈现出专业化发展、系统化运作、集中化实施的特征。同时，为了保证客户满意度和品牌价值，还需要组织协调上游的供应商、生产商、分销商，并关注供应链的可持续性和社会责任，注重提高绿色环保和社会公益性。

随着科技的不断进步和消费者需求的不断变化，零售供应链将面临新的机遇和挑战。零售企业需要不断创新，加强供应链的可视化和数字化，提高数据分析和预测能力，以便更好地预测市场变化和客户需求，进一步提高供应链效率和质量。同时，零售企业还需要着眼于未来，积极探索面向消费者的新型供应链供给模式，例如"无人商店""智能物流"等，以提高客户体验和品牌价值。

零售供应链理论和实践是伴随着零售行业的不断变革而发展起来的，在供应链  1.0 阶段，供应链中以生产商为主导，零售商往往处于从属地位。20 世纪八九十年代，海尔、格力、美的等大型家电企业一直是供应链的主导，拥有定价权和分配权。

动画：零售供应链认知

20 世纪 90 年代后期，随着苏宁电器、国美电器、大润发、联华超市等连锁零售企业的快速发展，大型家电企业在供应链上的主导权相对弱化。特别是 21 世纪之后，涌现出了阿里巴巴、京东商城、苏宁易购等电商企业，这些电商企业逐渐取代了制造商在供应链中的渠道主导权，拥有了定价、产品设计、物流服务等方面的决策权。到了 2015 年之后，随着线上流量红利的逐渐消退，线上线下的界限越来越模糊，零售业朝着数字化、智能化方向发展，供应链中的零售企业因其直接面向消费者的特点，通过创新发展，取得了主导地位，开始由零售商引领供应链上的其他企业，实现"共赢"。在新零售发展的当下，随着网络技术和电子商务的创新应用，供应链中不同角色之间的边界越发模糊。

一、供应链模式的演变

在用户主导的新消费时代，包括零售在内的所有行业都应该回归商业本质，追求更高的效率、更低的成本，为用户创造更多的价值。零售业的模式虽然经过了多次转变，商品及渠道得到了极大的丰富，但其"人、货、场"的本质始终没有发生变化。

从产业链的整体视角来看，零售仅是完成商品交付的最终环节，想要更加高效率、低成本，为用户创造更多的价值，需要供应链各节点企业的共同参与。因此，在新零售时代，企业不仅要关注零售环节，而且要关注整个供应链系统，探索其转型升级之道。

在中华人民共和国国家标准《物流术语》（GB/T 18354—2021）中，供应链的定义为：生产及流通过程中围绕核心企业的核心产品或服务，由所涉及的原材料供应商、制造商、分销商、零售商直到最终用户等形成的网链结构。随着科技与生产力的不断提升，我国的供应链模式也发生了一系列变革，交易主导权的更迭，最终使零售商成为供应链的主导者。具体来看，我国供应链模式的演化历程包括以下几个阶段：

（一）供应链 1.0 阶段：以生产商主导的直线型供应链

供应链 1.0 阶段是计划供应链时代，处于产能不足、购买力有限的计划经济背景下。在这个阶段，供应链需要根据产能制订销售计划，并由政府职能部门对生产资料及消费品的采购、供应、物流、结算等进行统一协调控制。供应链呈现出单一的直线式拓扑结构，商品流、资金流、信息流及物流单向、线性流动。

（二）供应链 2.0 阶段：以中间商为主导的网链型供应链

供应链 2.0 阶段是产品供应链时代，随着生产力的提升和经济体制的变革，市场活力得到进一步释放。在这个阶段，中间商起到了关键作用，通过对接生产商和零售商的主导交易，建立了多方共赢、互惠互利的合作关系。供应链结构由直线式拓扑结构演变为网链状结构，资金流、信息流及物流多源线性流动。

（三）供应链 3.0 阶段：以零售为主导的放射型供应链

供应链 3.0 阶段是信息供应链时代，随着生产力的大幅提升和商品品类的日益丰富，各行业出现了不同程度的产能过剩，交易主导权回归用户手中。消费者的观念和习惯发生了重大变化，人们开始强调商品品质、服务和体验，不再简单追求性价比和功能。为了满足人们的消费需求，会员店、专卖店、购物中心等强调服务和商品品质的零售形式开始大量涌现。

在供应链运行中，信息发挥着关键作用。上游厂商为了避免库存积压，开始根据零售商反馈信息和自身收集到的需求信息，从设计、工艺、包装、数量、功能等维度来进行生产，即以销定产。同时，为了满足个性化需求，柔性生产取代了大规模批量生产。随着移动互联网的发展，中间商等渠道商大幅度减少，供应链结构转变为以需求驱动的放射状网络。

（四）供应链 4.0 阶段：以消费者为主导的平台型供应链

供应链 4.0 阶段是价值供应链时代，强调为客户创造价值。在这个阶段，供应链运行强调各节点企业之间的统一协同管理，共享资金、技术、媒介、渠道等各类优质资源，打造互惠互利、共创共赢的闭环生态。随着消费升级的背景，产品更新迭代速度加快，定制消费追求个性化和品质的趋势迅速发展，垂直领域的利基市场不断涌现。

供应链在这个阶段的整合程度显著提升，各节点企业的协作水平和质量得到提高。通过实时数据交换和大数据、云计算等技术的支持，供应商、生产商、零售商、物流服务商等节点企业能够进行高效的管理决策，实现资源在供应链中的优化配置。大数据在供应链运行中起着关键作用，供应链结构由基于销售的模式转变为基于大数据的平台网络结构。阿里巴巴等公司凭借其在交易数据规模和云计算技术方面的领先优势，积极打造平台型供应链，为未来的商业空间提供了巨大的拓展机会。

乐研好思

供应链模式的演变与零售业发展

从我国供应链模式的演变历程可以看出，随着卖方市场慢慢转化为买方市场，零售企业在经营过程中所面临的环境有了巨大变化。由于零售企业具有直面市场、直面消费者的特征，其在供应链中的角色逐渐被重视，因此在供应链中的话语权也越来越大。

请查询相关资料，了解并结合实际思考：与我国供应链模式的演变同步，我国零售业的发展经历了哪几个阶段？

二、供应链的核心理念

（一）协同发展

供应链能够实现企业内部和企业之间资源的整合，通过对供应和需求的高效管理，可以提高整个供应链的效率和效益，实现供应链一体化运作。在供应链中，每个成员都扮演着重要的角色，承担着特定的责任和任务，这需要供应链所有成员具备协同发展的概念，不仅关注自身的供应需求状况，还要关注上下游企业的生产经营状况，及时地反馈、共享信息。只有通过这种方式，才能更好地协调各个环节的运作，从而达到减少成本、提高效率、提升服务质量的目标。只有每个节点企业都健康发展，供应链才会创造最大的价值，同时每个节点企业也获得最大的收益。

（二）系统运作

供应链是一个有机的系统，系统整体的功能不是单个成员所具备功能的简单叠加，而是有机的集成，它通过成员之间密切、有序的合作来实现。最终，这种集成使得供产销一体化运作成为可能。在供应链中，各个成员需要按照既定的规则与自身上下游成员相互联系，共享信息、共担风险、相互支持、协作完成所有的生产经营活动。供应链中包含物流、信息流、资金链和知识流的流动，随着信息技术的广泛应用，供应链系统化的运作变得更加可能。企业资源计划（Enterpise Resource Planning，ERP）是基于供应链先进理念的管理工具，它通过综合考虑企业所在供应链的各个环节，利用高度的信息化实现企业的扁平化管理，帮助企业通过信息的共享和协调，实现各个环节的高效运作，从而提高管理效率，降低成本。

（三）合作共赢

合作共赢既是经济全球化的大势所趋，也是供应链发展的总体趋势。随着全球分工进一步细化，供应链上的企业数量日益增多，核心企业通过整合不同合作伙伴的资源，有效利用未被利用的生产能力，外包非核心业务，专注于自身核心竞争力的培养，在供应链的不同环节避免浪费，让更加专业的合作伙伴去完成这些业务。这种合作模式不仅能够降低成本，而且可以提高效率，从而实现合作共赢。

（四）核心竞争力

面对竞争程度的加剧和外部愈加复杂的环境，企业需要采取更加先进的技术和管理方式以降低成本，提高企业的核心竞争力。供应链强调企业把主要精力放在关键业务上，把非核心业务外包，提升自己的核心竞争力，以获得更多的竞争优势。供应链节点企业要想在供应链管理的环境下体现出竞争优势，就必须专注于提升自身的核心竞争力。同时，供应链各个企业之间可以结成供应联盟关系，核心企业把非核心业务外包给其他更加专业的企业，可以更有效地发展彼此的核心竞争力。

（五）聚焦客户服务

供应链管理的核心理念在于以为客户服务为出发点，全面满足客户需求。为了实现这一目标，供应链需要不断整合各种资源，优化各个环节的流程，确保为最终客户提供优质、高效的服务。因此，在开展供应链相关活动（如计划、采购、生产等）之前，企业必须首先明确客户的需求。为了更加精确和迅速地满足客户需求，现代供应链管理越来越注重终端客户的参与，甚至在产品和服务的早期设计阶段就充分考虑客户的意见和建议。如今，企业与客户之间的有效沟通和协作已成为抢占市场先机的关键因素。企业需要深入了解客户需求，及时提供满意的服务，从而在激烈的市场竞争中脱颖而出。

数实融合新视界
如何消除长鞭效应

长鞭效应也被称为供应链振荡，是指供应链中的订单波动在不同环节放大的现象。具体来说，当消费者需求发生变化时，供应链上的订单量会产生剧烈波动，但这种波动会逐渐放大，从零售商蔓延到分销商、生产商、供应商等各个环节。结果是在供应链的上游环节，供应商可能会面临过剩库存；而在供应链的下游环节，零售商可能会遭遇缺货。

长鞭效应通常是由以下因素引起的：

（1）缺乏信息共享。供应链中不同环节企业之间的信息传递不畅，导致订单预测不准确，从而引发波动。

（2）延迟信号传递。由于信息传递的延迟，供应链各节点企业在做出反应时，已经超过了实际需求变化的时间窗口，从而产生过度反应。

（3）批量订购与补货策略。在供应链中，批量订购与补货策略常常导致订单波动放大。

为了解决长鞭效应，一般应从以下几个方面考虑：

（1）信息共享和协同合作。供应链中各节点企业之间应建立高效的信息共享机制，包括销售数据、库存水平和生产能力等。通过实时、准确的信息交流，可以更好地预测需求和调整生产计划，从而减少波动。

（2）减少延迟并提高响应速度。通过缩短订单处理和物流传递时间，可以降低信息传递的延迟，使供应链各环节更及时地做出调整。

（3）平衡库存和需求。采用先进的库存管理技术和精确的需求预测方法，可以避免过度的库存积压和缺货现象，从而平衡供应链上的库存和需求。

（4）强化合作关系。建立稳定的合作关系，包括长期合同和供应商管理计划，以促进供应链各节点企业之间的合作和协调，共同应对长鞭效应带来的挑战。通过采取这些措施，供应链可以更好地应对长鞭效应，实现更稳定、更高效的运作，从而提高整个供应链的绩效和用户满意度。

三、零售商在供应链中的功能

从以加工制造业为主的供应链阶段到今天蓬勃发展的零售供应链阶段；从高价低质，到高价高质，再到低价高质；从大规模标准化生产，到小批量柔性制造。消费者逐渐从买功能变成买品牌、买体验。伴随着电子商务、新零售的高速发展，消费者足不出户即可买遍全球。这一切都离不开供应链上的三个参与方，即制造商（品牌商）、分销商（渠道商）、零售商的贡献。制造商负责设计和生产符合市场需要的产品，分销商负责把产品从生产地搬运到离市场更近的地方，零售商负责把商品搬运到客户身边并销售给客户。具体来看，零售商在供应链中的主要功能如下：

（一）连接制造商和最终消费者

在供应链中，零售商连接制造商和最终消费者，处于供应链的末端，与消费者直接相连，其主要职责是将制造商的产品或服务提供给消费者。它们通过销售渠道和营销策略将产品推向市场，同时为消费者提供良好的购物体验和售后服务。这样，消费者可以方便地购买到所需的产品或服务，制造商也可以将产品销售出去，从而实现商业利润。

（二）影响市场价格，提高竞争力

作为销售者，零售商可以通过定价和销售策略来影响市场价格和竞争力。它们可以根据市场需求、成本和竞争情况来制定价格策略，从而影响市场价格。此外，零售商还可以通过促销和营销活动来提高产品的知名度和竞争力，从而增加销售额和市场份额。

（三）提供市场信息和反馈

零售商在供应链中也可以提供市场信息和反馈，帮助制造商和供应商了解市场需求和趋势。通过销售数据和消费者反馈，零售商可以向制造商和供应商提供有关市场趋势、产品改进和新产品开发的信息。制造商和供应商可以根据市场需求和趋势来改进产品和服务，提高市场竞争力。

（四）管理库存和物流

作为物流执行者，零售商负责管理库存、运输和配送。它们需要根据市场需求和销售预测来管理库存，确保产品或服务在合适的时间和地点到达消费者手中。此外，零售商还需要协调和管理物流供应商，确保产品或服务能够按时、安全地运输和配送。

四、新零售时代的供应链特征

在新零售时代，供应链的各方参与者趋于多元化，单一型的生产制造企业、中间经销商和只有零售业务的零售商在市场上愈来愈少。有的制造商积极建立零售终端，将自己制造的商品不通过中间分销商直接在终端向消费者销售，表现出零售商的特征；而很多零售商利用与消费者直接接触的优势，为贴近消费者的需求或者更多地降低采购成本，越过中间商直接向制造商采购合适的商品，或者向制造商直接定制自有品牌的商品。

数字经济全面带动了零售企业的发展，传统的供应链管理也一去不复返了。在新零售中，大数据、人工智能、物联网、区块链、云计算等新技术大量应用于供应链管理理论和实践中，智能化供应链管理成为零售企业供应链管理的基本做法，引领了新零售企业的发展趋势。新零售下的新供应链管理呈现出以下特征：

（一）数据驱动，以消费者的多样化需求为出发点

在传统零售模式下，供应商或者品牌商往往在零售链条上占据主导地位，负责商品的设计和生产，零售商更多基于历史信息和经验的判断将货品与消费者进行匹配，消费者在零售链条中作为被动接受者而存在。

而在新零售模式下，消费者的行为数据被完整地收集与分析，消费者的行为数据和消费需求可被实时传递给零售供应链上的不同参与者，从而使得零售商和品牌商通过数据了解消费者的真实需求，并提供个性化、定制化的产品和服务，而生产商则可基于数据进行准确的需求预测，实现柔性生产。消费者的多样化需求在数据驱动下将被极大满足。同时，在整个链条中，各环节的库存数据被打通并实现实时动态共享，这样可以有效降低库存，整体提升供应链效率。新零售供应链如图 5-1 所示。

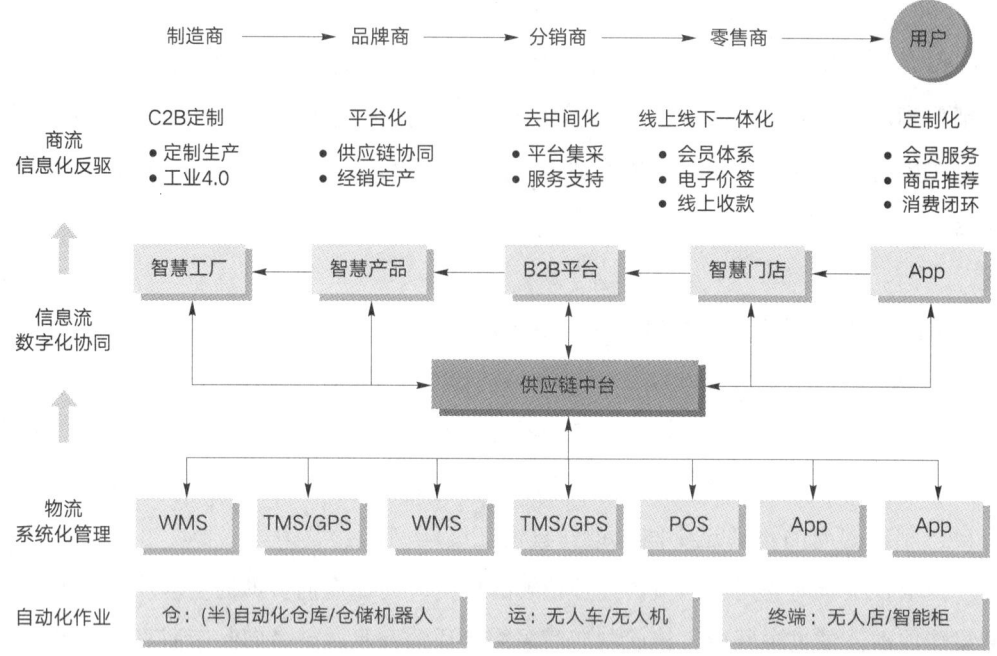

图 5-1 新零售供应链示意图

注：图中，WMS 的英文全称为 Warehouse Management System，即仓库管理系统；TMS 的英文全称为 Transportation Management System，即运输管理系统；GPS 的英文全称为 Global Positioning System，即全球定位系统；POS 的英文全称为 Point of Sale，即销售终端。

（二）渠道融合，实现消费场景多元化

在传统零售模式下，线下门店的核心功能就是商品陈列和营销互动，其作用体现在前端"货"与后端"人"的链接，其价值在于流通和营销。而在新零售模式下，线上线下的边界逐步模糊，线下"场"的链接属性缓慢弱化，在渠道融合的消费模式下，传统线下门店的流通价值转移到了物流环节，营销价值转移到了线上环节，线下门店的价值更多地转变为体验价值和物流价值。新零售场景下供应链的变化如图 5-2 所示。

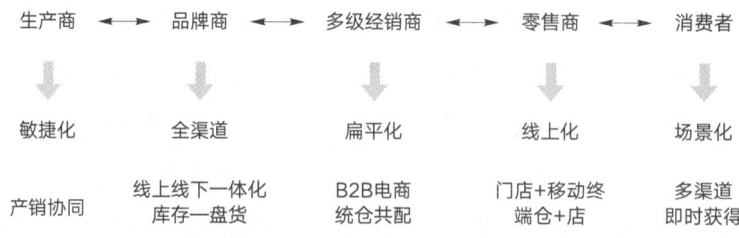

图 5-2 新零售场景下供应链的变化

（三）推拉结合，打造出敏捷供应链

随着新零售时代的到来，零售供应链由消费者需求驱动，从推式供应链向拉式供应链发展。推拉供应链的概念来自制造业，是按照供应链的驱动方式来划分的。供应链面对市场一端主要要解决的问题是客户需求，需要快速响应客户需求，因此是拉动式的；供应链上游供应商一端，大多数是以预测带动生产和供应，因此是推动式的。在零售推式供应链中，零售门店的订货频率是由生产量及生产商的分销结构驱动的；而零售拉式供应链则根据零售商对消费者的需求进行整合分析，协调上游企业进行产品开发或迭代，通过后推前拉的相互结合，对消费者不断变化的多元化需求做出快速、灵活的响应。先通过数字化供应链的工具来连接需求传递和资源配置过程的前后端，再由数据驱动供应链的决策优化，打造了敏捷化供应链。推拉结合的供应链如图 5-3 所示。

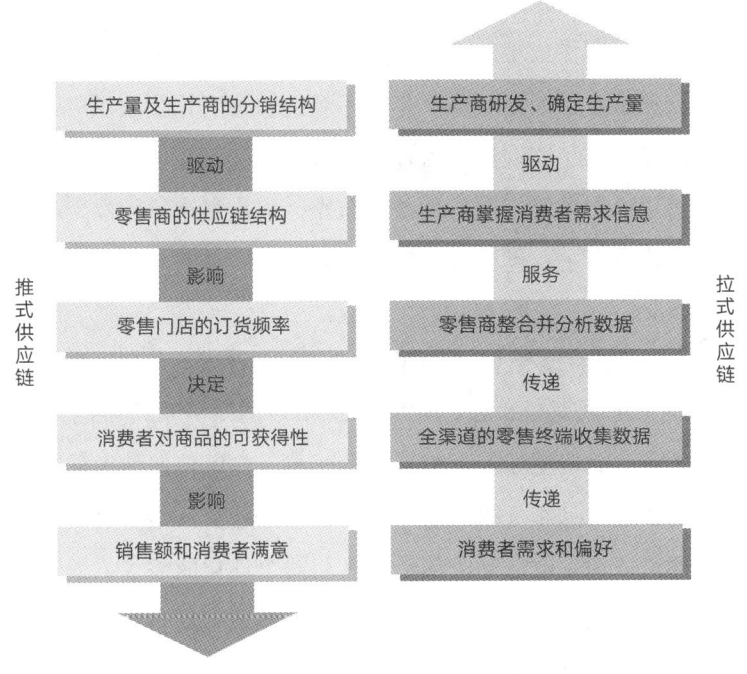

图 5-3　推拉结合的供应链示意图

以客户需求为核心的新零售正在驱动线上线下渠道与物流的深度融合。随着新零售的发展，传统的单渠道零售模式正在向多渠道、跨渠道方向发展，并逐步向全渠道零售模式转型。供应链不仅要满足客户对产品本身的需要，还要满足客户对全渠道产品与服务的整合性需求。因此，当今供应链的价值不再是简单的产品或服务，而是二

者整合形成的客户个性化需求解决方案。传统的供应链被简单地理解为物流和采购，而新零售模式下的供应链包括人才供应链、信息供应链、财务供应链、大数据分析等多项创新内容，借助多样化的数字化、智能化手段，供应链能够准确预测并快速满足客户需求，真正成为适应新零售的供应链网络。

五、新零售供应链管理的内容

在传统零售时代，零售渠道较为单一，供应链相对独立。然而，在新零售的全渠道时代，仅通过多渠道布局并设置不同的管理系统与人员，将导致管理成本大幅上升，并可能引发内部恶性竞争与资源争夺风险。新零售供应链管理的核心在于建立品牌企业（可能是制造商，也可能是零售商）与消费者之间的直接联系，并以消费者需求推动企业经营。供应链战略应首先支持其"连接消费者、服务消费者"的业务战略。这意味着企业需要在供应链组织中构建直接服务消费者的能力，并通过提升运营能力和服务水平与竞争对手展开竞争。零售市场的快速变化要求供应链必须具备灵活性、柔性和高响应度。为了实现这一目标，企业需要在产品设计、品类组合、采购生产、库存布局、跨渠道服务等方面进行快速调整，以满足市场和消费者的需求。新零售时代供应链管理的内容主要包括以下五个方面：

（一）通过数字化手段整合不同渠道的消费需求

即将实体店铺、电子商务平台、社交网络和移动商务系统中的需求信息收集汇总，整合和细分不同区域线上和线下消费者的信息，为每位消费者贴上更精细化的标签。基于标签精准推送产品和优惠活动等信息，利用社交网络与消费者互动，整理消费者评价信息，通过各类主题活动收集消费者相对个性化的需求。通过整合不同渠道的大数据，实现更准确的需求预测，从而由消费者需求驱动全渠道供应链。利用这些数据开发新产品，寻找新合作伙伴，形成新的产品与服务。通过数字化手段改造传统店铺（如商店购物屏、手机店内导购和推送优惠券等），可以增强顾客的互动体验，更好地识别和收集消费者需求。

（二）仓库分布和物流网络设计

根据消费者在不同地点以不同方式下订单的实际情况，企业可能采用总仓直配、多级分仓、门店配送、门店自提等多种方式进行配送，因此，企业需要打通订单系统和库存系统，实现跨平台的订单归集、跨渠道的库存共享和跨仓库/门店的订单分派，包括与不同订单入口（包括第三方）进行集成，实现库存的实时同步、产品和价格信息的规范化，以及订单的后台归集。在系统内构建订单的库存匹配和仓库派发逻辑，以及订单的跨渠道结算规则和系统流程。

（三）基于需求预测的采购和库存安排

企业要根据需求预测进行整体采购和库存安排，在制订采购/生产计划时，不仅要考虑单一渠道本身的需求，还要考虑各渠道间的相互影响。通过跨渠道库存共享，实现更优的补货决策，降低不同渠道分开做库存决策的成本，并实现就近库存调拨和退仓。数据可视化、数据分析能力和供应链执行能力是敏捷库存部署的基础。充分利用大数据分析进行库存部署，将畅销品放在门店、前置仓等离消费者较近的地方，将滞销品放在区域物流中心，以加快响应速度。

（四）优化物流服务

企业可充分利用自有物流、第三方物流或第四方物流服务平台，合理配置自身的资源和能力，优化干支仓配，形成网络化、智能化和柔性化的物流解决方案，满足多样化的物流需求。进一步向全渠道的末端延伸，为终端消费者提供更好的服务体验，如通过一体化"送装 + 维修"，以及社区、门店等服务点的自提、退换货等最后一公里配送，提供本地物流配送服务。

（五）实现数字化的供应链协作

企业需要利用物联网、云计算、大数据、人工智能等技术手段，实现信息的实时采集、传输和处理，提高供应链的透明度和可控性。通过数字化手段，掌握供应链信息，实现供应链的协同优化，包括订单、库存、运输、供应商管理等方面，提高供应链的效率和灵活性，同时降低成本。

在新零售时代，供应链管理的核心在于打破过去线上线下分开运营的束缚。在需求端，通过不同渠道的协作来准确识别、收集和预测顾客需求；在供给端，通过订单、库存、物流共享等方式实现信息和产品在不同渠道之间的畅通流动，准确、快速地满足消费者需求。在整个线上线下结合的体系之中，零售企业需要做到信息整合、统一规范产品与服务标准、建立合理的线上线下销量贡献机制。在这样的体系中，零售企业还需要用技术手段来打通各个环节，最后实现线上线下的整合。

第二节　零售供应链伙伴关系

在经济全球化时代，产业链、供应链在不断重新构建和布局，企业建立稳定和长期的供应链伙伴关系显得尤为重要。零售企业面对全球化进程和消费市场的快速变化，为确保供应链的可靠性和可持续性，需要改变传统的"以企业为中心"管理模式，通过与合适的供应链伙伴建立紧密的合作关系，共同协调和管理供应链上的各个环节，通过发挥整体的协同作用来提高市场竞争力，防范供应链中的风险和不确定性，更好地满足消费者的需求。

一、零售供应链伙伴关系的内涵

动画：零售
供应链伙伴
关系的内涵

（一）零售供应链伙伴关系及其特征

1. 零售供应链伙伴关系的概念

零售供应链管理的核心思想在于零售企业专注于自己的核心业务，把非核心的业务外包给在这些业务领域具有核心竞争力的其他企业，以降低总成本，减少总库存，提高整个供应链的竞争力和响应速度。因此，零售企业需要寻找合适的商品或服务供应商并与之建立长期稳定的伙伴关系。

零售供应链伙伴关系是指为实现共同的目标和利益，零售企业与其供应链上的合作伙伴建立起来的协调关系，这是一种基于相互信任、共担风险、共享资源、共同获利等原则建立的长期合作关系，供应链伙伴关系对于零售企业的运营和发展至关重要。在供应链伙伴关系环境下，零售企业选择合作伙伴不再是只考虑价格等因素，而是更注重优质服务、可靠性、供应能力、绿色合规等方面的表现。

2. 零售供应链伙伴关系的特征

零售供应链伙伴关系的主要特征是以商品或物流为核心转向以合作和集成为核心，强调长期稳定的合作，强调相互之间的信任，强调市场机会共享和风险共担，强调共同提升供应链竞争力。这与传统的供应商关系有很大的区别，零售供应链伙伴关系与传统供应商关系的比较如表 5-1 所示。

表 5-1　零售供应链伙伴关系与传统供应商关系的比较

比较项目	传统供应商关系	供应链伙伴关系
产生基础	以交易为基础	以联盟为基础
维系时间	短期	长期
竞争关系	对手关系	合作关系
相互交换的主体	商品	商品、服务、技术等
选择标准	强调价格	多标准（交货的质量和可靠性等）并行考虑
关系稳定性	变化频繁	长期、稳定、紧密合作
合同性质	单一	长期合同，具有开放性
供应批量	小	大
合作数量	大量	少（少而精，长期紧密的合作）
企业规模	小	大
信息交流	信息专有	信息共享（电子化连接、共享各种信息）
质量控制	输入检查控制	质量保证（合作伙伴对产品质量负全部责任）
选择范围	当地评估	在国内和国外广泛评估可增值的合作伙伴

3. 零售供应链伙伴关系的目标

通过零售供应链，将非核心业务外包给供应链其他企业，有利于零售企业专注于其零售核心业务，并发挥供应链各节点的优势，共同降低交易成本，减少物流成本，提高服务质量，加快市场反应速度，提高消费者的满意度和忠诚度。

（1）高度合作。零售供应链伙伴关系通常是基于高度合作的基础上建立的，零售企业和供应链伙伴之间需要共享信息、协调业务活动和共同解决问题，以确保供应链的顺畅运作。

（2）供应链可见性。零售企业和合作伙伴通过共享供应链中的关键信息，例如订单状态、库存水平和交货时间，以确保货物按时到达门店或消费者手中。通过共同分析销售数据、库存数据和市场趋势，协助帮助合作伙伴制订生产计划和库存管理策略，优化供应链效率和决策，以满足市场需求并降低库存风险。

（3）质量管理和产品一致性。零售企业需要和合作伙伴共同确保产品质量符合标准，包括交货准时率、产品质量、售后服务等方面的指标和要求，并对供应情况进行评估和监控，制定应对供应链中断或变化的计划和措施。

（二）供应链伙伴关系的类型

1. 根据合作的层次和内容分类

（1）供应商合作伙伴关系。供应商合作伙伴关系是发生在零售企业与商品供应商之间的合作关系，它是零售供应链中最主要的合作关系，它建立在相互信任的基础上，双方共同承担风险、共享利益，实现共同的市场目标。

（2）物流合作伙伴关系。零售企业与物流服务提供商之间的合作关系。物流合作伙伴关系的目标是确保产品的及时交付和供应链的高效运作。合作内容包括运输、仓储、配送等方面，以提高供应链的效率和降低物流成本。

（3）技术合作伙伴关系。零售企业与技术提供商之间的合作关系。这种合作关系旨在共同开发和应用新的技术解决方案，以提升零售业务的效率和竞争力。合作内容可以包括电子商务平台的开发、数据分析和人工智能等方面的合作。

（4）渠道合作伙伴关系。零售企业与其他零售商或分销商之间的合作关系。这种合作关系可以通过共享渠道资源、合作推广和联合采购等方式，扩大销售渠道的覆盖范围和提高市场份额。

2. 根据合作伙伴关系紧密程度分类

（1）战略型伙伴关系。与零售企业有长期、战略性合作关系的合作伙伴关系，双方共同制定战略和目标，系统推进合作伙伴关系的实施。

（2）策略型伙伴关系。与零售企业有项目性合作关系的合作伙伴关系，针对特定项目或任务进行合作。

3. 根据合作伙伴角色分类

（1）主要合作伙伴关系。与零售商建立长期稳定合作关系的主要供应链伙伴，通常提供主要产品、核心产品或服务。

（2）次要合作伙伴关系。与零售商建立一般合作关系的次要供应链伙伴，通常提供一般性产品、辅助产品或服务。

二、零售供应链伙伴关系的选择

（一）零售供应链伙伴选择的原则

零售企业作为供应链关系中直接面向最终消费者的最后一个环节，在选择供应链伙伴时，应遵循以下原则：

1. 确保供应交付的原则

零售企业选择供应链合作伙伴的第一原则是需要及时满足消费者不断变化和多样化的需求。零售企业专注其在平台运营、销售促进等方面的核心能力，需要合作伙伴补足产品制造、物流配送、库存管理等能力的不足。双方需要共同设定商品、服务的交付标准，共同管理库存，共同协调物流和有竞争力的价格，确保对消费者的供应交付。

2. 总成本最低的原则

零售供应链的核心内涵就是以最低总成本建立商品有效供给渠道的过程，它注重的是最低总成本，而非单一最低采购价格。供应链伙伴关系不是零和博弈，而是通过加强信息共享和协作，共同应对市场风险与变化，实现更高层次的合作共赢。

3. 风险最小化的原则

合作伙伴拥有不同的组织结构、技术标准、企业文化和管理观念，会为供应链的运营产生法律和合规上的风险，因此，必须认真考虑并尽量避免风险问题。

企业责任与社会担当

深耕农产品有效供应，帮助农户走上"奔富路"

党的二十大报告指出："全面推进乡村振兴。"当前，我国已经进入了全面推进乡村振兴的新阶段。但是，品牌弱、流通环节成本高、销售难，是制约农产品发展的老大难问题。作为以供应链为基础的技术与服务企业，京东发挥自身在供应链、物流、技术、金融、服务五大领域的核心能力，致力于打通农村全产业链条，健全农产品供给渠道，携手社会各界共建乡村振兴"高速路"。

在京东乡村振兴"奔富计划"全景图中，京东零售供应链能力为乡村供应链提供全面的"数智化"赋能支持，促进农产品供给侧与需求侧高效对接；京东物流能力为乡村打造基础设施，助力构建完善农产品现代流通体系；京东技术能力以乡村数智操作系统推动乡村建设，全面推进乡村产业数智化、治理现代化与生活智慧化；此外，京东还为乡村提供供应链金融、综合服务站，以及产业带帮扶、产业生态体系建设、基层医疗健康等服务支撑。

以全产业链能力支持乡村振兴，目前京东已在全国对接 1 000 多个农特产地及产业带，直连超过 500 个大型优质蔬菜基地，共建 70 多个现代化、标准化、智能化农场；开设助农馆和特产馆超过 700 个，帮助偏远地区和欠发达地区的农产品、手工业产品拓展销路；同时，还为大量返乡入乡农民工提供就近就业岗位和创业机会，通过稳定的收入、五险一金等福利为 20 余万个农村家庭带来更稳固的收入保障。

京东 2022 年财报显示，"奔富计划"已经带动农村实现了 7 000 亿元产值。作为一家新零售企业，京东持续深耕乡村振兴领域，助力农业增效、农民增收、农村兴旺。

（二）零售供应链伙伴选择的方法

在选择供应链伙伴时，可采用直观判断法、评分法、加权法、采购成本比较法、招标法和协商法进行选择。

1. 直观判断法

直观判断法指通过调查、征询意见、综合分析和判断来选择供应链伙伴的一种方法，是一种主观性较强的判断方法，主要是倾听和采纳有经验的采购人员的意见，或者直接由采购人员凭经验做出判断。其特点是运作方式简单、快速、方便，但缺乏科学性，受限于供应链伙伴信息的掌握，适用于非主要商品或服务供应商的选择。

2. 评分法

评分法是指依据对供应链伙伴评价的各项指标，按供应链伙伴的优劣档次，分别对各供应链伙伴进行评分，选得分高者为最佳供应链伙伴；也可采用加权评分，即给每个准则分配一个权重，每个供应链伙伴的定量选择结果为该供应链伙伴各项准则的得分与相应准则权重的乘积的加总。

3. 成本比较法

在备选供应链伙伴交货时间与质量满足要求的前提下，通过计算分析针对各个不同供应链伙伴的采购成本，选择采购成本较低的供应链伙伴的一种方法。采购成本一般包括售价、采购费用、运输费用等各项支出的总和。

4. 招标法

当需要的商品或服务数量较大，供应市场竞争激烈时，可以通过招标的方式寻找最好的供应链伙伴，首先，由采购单位提出招标条件，然后符合条件的各投标单位进行竞标，最后由采购单位进行，并与提出最有利条件的供应链伙伴签订协议。

（三）零售供应链伙伴选择的步骤

供应链伙伴选择的主要步骤包括以下几个方面：

1. 分析市场竞争环境

零售企业应分析零售市场需求，明确消费者对商品和服务的需求，评估市场变化情况，包括市场规模、现有合作伙伴情况、价格走势、技术发展动向等，为合理制定供应链合作伙伴选择的目标奠定基础。

2. 确定伙伴选择目标

分析现有供应链伙伴管理的现状和存在的问题，确定业务目标、战略方向以及期望从合作中获得的利益，确保双方的目标和需求相互匹配。

3. 建立评价标准

评价标准是零售企业进行供应链伙伴评价的依据，零售企业应根据系统全面、简明科学、稳定可比、灵活可操作的原则建立一套评价指标体系，涉及供应能力、响应速度、质量控制、成本开支、技术能力等方面。

4. 成立评价小组

零售企业需要建立一个评价小组来实施供应链伙伴评价，评价小组的成员来自采购、物流、质量控制等与供应链合作关系紧密的部门。

5. 寻找潜在伙伴

寻找潜在的供应链伙伴可以通过多种途径，如参加行业展会、网络搜索、参考业内人士推荐等。通过与供应商、合作伙伴、行业组织等建立联系，初步了解他们的业务能力、行业口碑和可靠性。

6. 调查与评价

在选择供应链伙伴之前，进行调查是非常重要的工作。通过参观其设施、与其现有客户交流、查阅行业报告等方式，了解潜在伙伴的背景、资质、财务状况、声誉和业绩记录。通过面谈、会议等形式，深入了解他们的业务模式、运营流程、技术能力等。最后，通过一定的工具和技术方法综合评价合作伙伴。

7. 实施供应合作关系

与供应链伙伴合作，应签订合作协议，协议应明确双方的权益、责任和义务，包括商务条款、服务水平协议、合作期限、保密条款等。确保协议能够保护双方的利益，并具备一定灵活性以适应未来的变化。

在实施供应合作关系的过程中，需要定期评估合作的效果和成果，进行供应链绩效评估，并根据市场需求的不断变化，与伙伴共同制定改进计划，及时调整修改供应链伙伴的评价标准，或重新分析市场竞争环境优化供应链伙伴选择的整个流程，以实现更高效、更可靠的供应链。

供应链伙伴的选择步骤如图 5-4 所示。

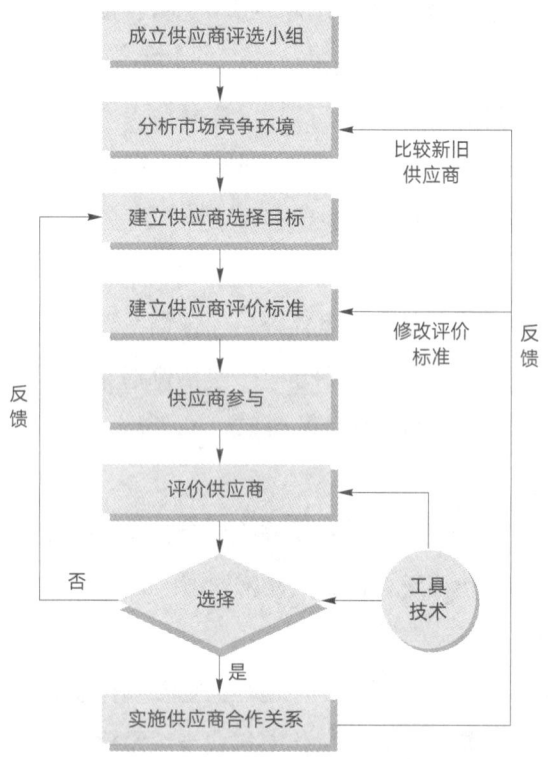

图 5-4　供应链伙伴的选择步骤

第三节　供应链管理库存策略

一、供应商管理库存策略

在中华人民共和国国家标准《物流术语》（GB/T 18354—2021）中，供应商管理库存的定义为：按照双方达成的协议，由供应链的上游企业根据下游企业的需求计划、销售信息和库存量，主动对下游企业的库存进行管理和控制的库存管理方式。这是一种在供应链管理环境下衍生出的库存运行模式，其根本目的是把多级供应链管理转化为单级库存管理。和传统的用户发出订单再进行补货的方式相比较，该模式将实际上或者预测的消费者需求与库存量当作市场需求预测以及库存补货的核心方式，也就是通过销售资料获得相应的消费者需求信息，使供应商能够迅速应对市场变化，满足相应的消费需求。

（一）供应商管理库存策略的特点

供应商管理库存策略的核心为供应商，它将双方成本最低化作为目标，在各类框架协议当中将下游零售企业的库存决策权直接以代理的方式交给上游供应商，并由其行使库存决策权。供应商管理库存策略的核心思想在于供应商本身是在用户的准允之下设立库存的，可以从中确定出相应的库存水平以及补给策略，以掌握库存控制权。其基本特点主要体现在以下几方面：

（1）合作性。在应用该策略时，需保持供应链上下游企业之间的透明度和信任，零售商和供应商之间应有良好的合作精神，以保证长期合作的稳定性。

（2）互惠性。该策略并非成本如何分配或由谁支付的问题解决策略，而是如何有效降低成本的问题解决策略。在其作用下，能够使双方的成本都得到一定程度的节约。

（3）目标统一性。双方都明确自身的职责，在观念上都有统一的目标。例如，库存的位置安排问题、支付时间、管理费用的必要性、费用多少等，都会体现在其协议框架当中。

（4）持续改进性。在实际操作过程中，该策略能够持续对其中存在的问题进行改进，确保供需双方都能够实现利益共享，降低浪费。

（二）供应商管理库存策略的实施

供应商管理库存策略的运行机制是指当供应商收到下游客户的销售信息与库存信息之后，依照原先确定好的库存水平来给客户进行库存内容补充。从中可以看出，该策略是一种将库存量和销售数据作为货品补充依据与货品需求预测的解决方式。它在实际运行过程中需要重点制订两类计划，也就是货品需求预测计划和货品补充配送计划。

（1）货品需求预测计划。该计划是指通过专门的统计工具对实际需求进行确认。其中包含了所售货品的位置信息、时间信息、针对群体、价格信息等。通常情况下，在实际预测时往往需要参考几项基本信息，如各类市场营销信息、零售商历史订货信息等。在制订该计划时，必须遵循以下几项步骤：

①零售商把相关的销售信息通过一定方式提供给供应商。

②供应商通过统计分析等方式，依照零售商的平均历史需求、需求周期、需求趋势等信息获得初步的预测计划。

③在上述运作的前提下，供应商通过统计工具对不同市场的经营情况进行模拟，例如市场动向、促销活动、价格变动信息、广告等，从而获得最终的预测需求。

（2）货品补充配送的基本流程。一般情况下，货品补充配送的基本流程如下：

①供应商依照零售商的销售情况和库存水平制订详细的需求预测计划，在进行全面的统计计算之后，给出相应的采购数量建议。

②供应商依照专门的订单管理系统向零售商发出详细的货品补充通知，再由零售商进行订单确认。

③零售商依照订单管理系统提供的相关信息编制具体的销售计划，再将其录入销售管理系统之中，以此为依据确定详细的配送计划。

④供应商依照具体的配送计划编制货品补充计划，同时进行补货。

二、联合库存管理策略

在中华人民共和国国家标准《物流术语》（GB/T 18354—2021）中，联合库存管理是指供应链成员共同制订库存计划，并实施库存控制的供应链库存管理方式。联合库存管理策略极为注重供应链当中所有节点企业的同时参与性，即共同进行库存计划制订，这样能够确保所有的库存管理者都站在彼此协调性的角度去权衡库存计划，以使供应链中所有节点的库存管理者都能够对需求预期保持统一性，最大程度上避免由需求变动产生的各种不良现象。在联合库存管理模式下，各个相邻节点的需求都是供需双方彼此协调的结果，因此，供应链库存管理就不再是彼此独立的运营过程，而是连接供需的协调中心。联合库存管理策略的实施需要注意以下几个方面：

（一）构建合理的协调管理机制

为使联合库存管理的作用能够充分发挥出来，供需双方站在合作的角度上构建协调管理体制，以明确彼此的目标与权责，为合作沟通建立桥梁。管理机制一旦缺乏协调性，就无法开展有效的联合库存管理。具体操作时，应从以下几点着手：

1. 构建合理化的联合库存管理模式

供需双方必须以互利互惠的原则为基础，确定共同的合作目标。要明确双方在市场目标中的冲突之处和共同之处，并在有效协商之下确定共同目标。例如利润的共同增长、用户满意度等。

2. 构建相应的协调控制方法

联合库存管理中心扮演者协调供需利益的角色，发挥着调节控制的基本作用，因此，必须对库存优化的具体方式予以明确。在这之中包含了库存怎样在众多需求商之间实现有效的分配调节、安全库存的界定、库存最大量及最低水平、库存预测等。

3. 构建专门的信息沟通渠道或者信息共享系统

为进一步提升整个供应链需求信息的稳定性和统一性，降低因为多重预测而引起的需求信息扭曲问题，提升供应链各个方面对于需求信息获取的透明度和及时性。建立一种合理化的信息沟通渠道和系统极有必要。比如，可以把扫描技术、条码技术、EDI、POS 系统等结合起来，通过数字化优势，在供需双方之间构建专门的信息沟通渠道。

4. 建立利益分配与激励机制

要实现在协调中心基础上建立的库存管理目标，就应建立一种公平合理的利益分配制度，同时对参与管理的所有企业进行激励，增强彼此的协调性和合作性，避免出现机会主义行为。

（二）发挥两类资源计划系统的基本作用

为使联合库存管理的作用充分发挥出来，在进行供应链过程管理时还应对当前比较成熟的两类资源管理系统加强应用，即 DRP（Distribution Resource Planning，分销资源计划）系统与 MRP（Material Requirement Planning，物资需求计划）系统。其中，前者主要应用在产品联合库存协调管理中心，后者主要应用在原材料库存协调管理中心。

（三）构建快速响应系统

构建快速响应系统（Quick Response）的主要目的是降低供应链当中从原材料采购到最终用户的时间消耗与库存累积，最大限度地提升供应链的运行效率。截至目前，它已经经历了三个发展阶段：第一阶段，商品条码化，即对商品进行标准化识别处理，以提升订单传输速度；第二阶段，内部业务处理自动化，即通过自动库存补充和 EDI 系统提升业务的自动化程度；第三阶段，通过极具效率的企业间合作，消除供应链各组织之间的壁垒，提升整体效率。比如，在供需双方合作下，确定具体的销售策略或者库存水平等。

目前，对快速反应系统的应用已经进入第三阶段，即通过对联合计划、预测和货品补充等相关策略了解零售商的实际需求反应。相关调查分析显示，在应用迅速响应系统之后，供应链的效率会大幅度提升，缺货情况会有效降低，库存周转速度较原先会提升一到两倍。该系统相关功能的发挥必须依靠双方的紧密合作，所以协调库存管理中心能够为其系统作用的发挥创造条件。

（四）发挥第三方物流系统的作用

第三方物流系统主要是由一些大型公共仓储企业通过相关附加服务的提供演变而来，有些还是由部分制造企业或者销售部门演变而来，能够向零售企业提供产品运输、库存管理等功能。

与供应商管理库存比较，联合库存管理更加注重双方的同时参与，使所有库存管理者都能够站在彼此协调的角度上考虑问题；同时，所有相邻节点需求的确定都经过供需双方的进一步协调，使得库存管理不再需要独立运行，而是扮演着连接供需双方的纽带角色。

数实融合新视界

供应链协同创新

京东物流开发的联合计划、预测与补货（Collaborative Planning, Forecasting and Replenishment, CPFR）供应链协同创新解决方案，通过零售商与厂商的合作，共同做出商品预测，在此基础上实行连续补货，并进一步推动共同计划的制订。原来属于各企业内部事务的计划工作（如生产计划、库存计划、配送计划、销售规划等）也由供应链上的企业共同参与。通过将多级计划、预测和补货变成一体化的动作，CPFR能够大幅降低供应链中的缺货或库存冗余的概率，因此被视为应对牛鞭效应的有效方法之一。

京东物流进行的CPFR项目旨在帮助和引导品牌商、供应商达成协同和协作。早在2015年，京东就开启了电商行业的先河，将美的等客户的基础订单、销量、库存等历史数据以电子数据交换的方式同步传递给客户。以此为开局，京东逐步展开与品牌商的CPFR探索，不仅将业务延伸至更多的品类和品牌商，而且进一步从分享"已经发生的"历史数据到分享"将要发生的"信息和数据，帮助上下游企业更准确地预测未来一段时期的需求和供应。例如，在快消品行业，京东与雀巢通过协同预测与补货，将货品供应与实际顾客需求相结合，精准调控供应的频率和数量，在提高线上有货率的同时优化库存。

调查研究与善作善成

调研背景

全面了解零售供应链的运作状况、效率，以及存在的问题和挑战。调查内容涵盖供应链管理、库存管理、物流配送、供应商合作关系等方面。

调研步骤

1. 对参与调查的零售企业、供应商、物流企业进行深入访谈，了解他们在供应链管理、库存管理、物流配送、供应商合作关系方面的实际运作情况。

2. 收集并整理零售企业、供应商、物流企业提供的相关数据和信息，对比分析不同企业在供应链管理方面的优劣。

3. 对零售供应链中存在的问题和挑战进行分析，探讨可能的原因和解决办法。

4. 借鉴国内外先进的供应链管理模式和技术，为零售供应链的改进提出切实可行的建议。

调研要求

1. 编写调查报告，详细记录调查过程、主要发现、存在的问题及建议等。

2. 调查报告应使用简练、清晰的文字表达，注重数据支撑和实际案例分析。

3. 调查报告应包括以下内容：

（1）调查背景和目的；

（2）调查方法和范围；

（3）零售供应链的现状分析（包括供应链管理、库存管理、物流配送、供应商合作关系等方面）；

（4）零售供应链中存在的问题和挑战分析；

（5）改进措施和建议（包括借鉴先进模式和技术等）。

4. 调查报告需经过核实，确保信息的准确性和可靠性。

学习检测

一、单项选择题

1. 供应链的节点企业包括（　　　）。

    A. 供应商　　　　　　　B. 生产商　　　　　　　C. 分销商、零售商　　D. 以上全包括

2. 供应商寻源的类型不包括（　　　）。

    A. 战略型寻源　　　　　B. 替代型寻源　　　　　C. 战术型寻源　　　　　D. 特殊型寻源

3. 供应链可以被定义为（　　　）。

    A. 以满足最终用户需求为目的的网络结构

    B. 以满足生产商需求为目的的网络结构

    C. 以满足零售商需求为目的的网络结构

    D. 以满足物流服务商需求为目的的网络结构

4. 供应链的核心理念不包括（　　　）。

    A. 协同发展　　　　　　B. 系统运作　　　　　　C. 合作共赢　　　　　　D. 成本优势

5. 战略采购的核心内涵就是以（　　　）建立服务供给渠道的过程。

    A. 最低采购价格　　　　B. 最低总价格　　　　　C. 最低总成本　　　　　D. 最低物流成本

二、多项选择题

1. 供应链的核心理念包括（　　　）。

    A. 协同发展　　　　　　　　　　　　B. 系统运作

    C. 合作共赢　　　　　　　　　　　　D. 核心竞争力

    E. 聚焦客户服务

2. 零售商在供应链中的主要功能包括（　　　）。

    A. 连接制造商和最终消费者　　　　　B. 影响市场价格和竞争力

    C. 提供市场信息和反馈　　　　　　　D. 管理库存和物流

3. 我国供应链模式的演化历程包括（　　　）。

    A. 直线型供应链　　　B. 网链型供应链　　　C. 放射型供应链　　　D. 平台型供应链

4. 新零售时代供应链管理的内容主要包括（　　　）。

    A. 通过数字化手段整合不同渠道的消费需求

    B. 仓库分布和物流网络设计

C. 基于需求预测的采购和库存安排

D. 优化物流服务，实现数字化的供应链协作

5. 采购管理的任务包括（ ）。

A. 确保供应交付　　B. 总成本最低　　C. 建立共赢关系　　D. 完善采购能力

三、判断题

1. 零售供应链包括从采购到交付给最终消费者的整个过程。 （ ）

2. 供应商寻源是根据企业采购需求，寻找到能够满足基本需要的潜在合格供应商作为下
   阶段采购的目标对象的过程。 （ ）

3. 零售仅是完成商品交付的最终环节，想要更加高效、低成本，为用户创造更多的价值，
   需要供应链各节点企业的共同参与。 （ ）

4. 供应链可以看作是一种以满足最终用户需求为目的，由产品生产及流通过程中的供应
   商、生产商、分销商、零售商、物流服务商等节点企业共同参与的网络结构。 （ ）

5. 供应管理的范畴小于采购管理。 （ ）

第 六 章

零售整合营销

学习目标

素养目标

■ 树立中国品牌大国的担当意识

■ 培养诚信守法、以人为本、客户至上的意识

知识目标

■ 了解零售整合营销的演变、营销方法和营销价值

■ 熟悉零售整合营销的原则、要素和流程

■ 掌握零售整合营销的流程

技能目标

■ 能够运用零售整合营销方法，实现品牌传播价值，促进品牌建设

■ 能够结合"人、货、场"制定零售整合营销策略

思维导图

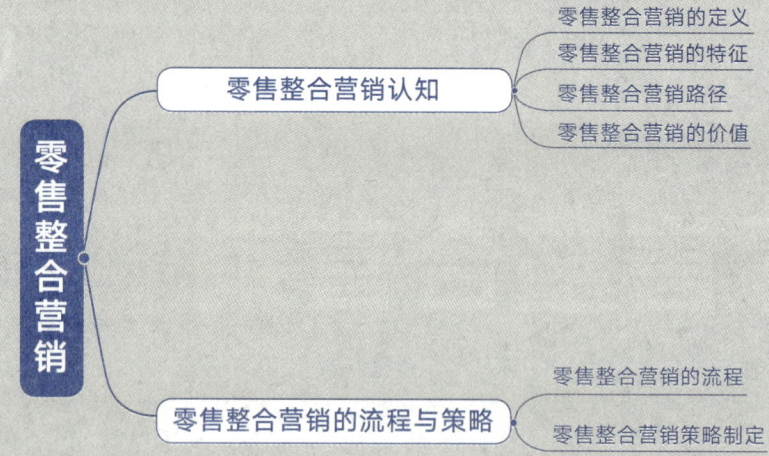

零售整合营销
- 零售整合营销认知
  - 零售整合营销的定义
  - 零售整合营销的特征
  - 零售整合营销路径
  - 零售整合营销的价值
- 零售整合营销的流程与策略
  - 零售整合营销的流程
  - 零售整合营销策略制定

学习计划

■ 素养提升计划

_____

_____

■ 知识学习计划

_____

_____

■ 技能训练计划

_____

_____

案例导入

从盒马鲜生看零售整合营销

传统零售商与消费者之间的关系是围绕商品和价格而产生的买卖关系，盒马鲜生作为阿里巴巴新零售概念提出以来的第一个生鲜商业模式，试图打造的是一个品牌，是一个了解消费者需求，围绕目标受众的生活场景而构建的生活圈。盒马鲜生在营销中注重整合线上线下全渠道环节，采用线上辅助线下，线下引导用户线上消费的方式，吸引消费者进入线下实体店。

1. 仓店一体化

生鲜新零售的核心竞争力就是仓店一体化，仓店一体化就是把前置仓变成线下门店，即销售渠道在这里，仓库也在这里，最大程度节约成本，同时保证了冷链环节"不掉链子"。线下门店的零售可以覆盖仓储成本，线上的毛利直接变成利润。

盒马鲜生的线下门店可以第一时间从后台将商品传输到前台，再将新鲜的蔬菜从线下门店配送到用户手中。在"最后一公里"的生鲜竞赛中，盒马鲜生率先做出榜样，以线下门店为中心的 3 公里作为配送半径，大大节省了冷链配送的成本开支。

2. 多品类

新零售关系的变化，使传统门店不再适应时代，品类单一是传统门店的弊端，然而"少而精"的商品时代并没有过去，消费者需求变得越来越多样化，只有多样化的零售方式才可以吸引消费者。

盒马鲜生作为线下消费的主场景，门店可以充当的角色很多，不过最重要的是可以充当盒马鲜生品牌的体验店，扩大盒马鲜生的品牌知名度，为盒马鲜生的品牌造势。

牛排店、烘焙坊、轻食店、奶茶店是盒马鲜生门店多种业态的混合，多种业态的发展有利于获得更高的毛利。消费者可以直接在盒马鲜生门店解决餐食需求，如正餐需求、奶茶需求、饭后甜点需求等，此举可以形成较强的消费者黏性。新零售的重点是线上和线下深度融合，围绕目标消费者的生活场景拓展更多的品类，一切以消费者需求为出发点。

3. 辐射居民生活圈层

盒马鲜生在配送上宣传的 3 公里配送范围、最快 30 分钟送达的概念，从消费者的需求出发，力图打造一个适合目标消费者的生活圈层。从开始选择辐射居民生活圈层的区域性商场入驻，盒马鲜生售卖的品类就呈现出"百花齐放"的现象，其售卖的第一品类以生鲜品为主，第二品类是快消食品，第三品类是生活用品，品类齐全的程度堪比大型商超。

以小圈层带动大圈层，是每个线下门店的愿景，通过线下门店多点布局的设定，小圈层慢慢形成大圈层，从而形成一个圈层生活圈。在洞悉消费者需求的基础上，无论是盒马鲜生门店还是其社区拼团，都力图在一个小的生活圈内尽可能实现多品类的商品，以满足圈层内的消费者需求，从而把消费者的日常生活消费牢牢"锁"在圈层内，再通过一个个小圈层的进化形成大圈层，完成"最后一公里"的竞赛靠的不只是送货时效和门店圈层范围，而是品类的多样化，以及洞悉消费者需求的出发点。

4. 会员制

盒马鲜生推出了精准化的会员管理体系"盒马X会员计划"，融合线上线下的用户体系力图提升品牌的消费者黏度、线下门店的服务体验，激发潜在消费者的购物欲望，提升消费者的购买活跃度。

新零售时代的消费者需求不同于传统时代，新零售时代的会员制应该更加人性化，在洞察消费者需求的基础上推出会员方案。新零售时期的会员制包括专属商品推荐、定向折扣、完善的售后服务、个性化商品定制、方便灵活的交付方式等。

引思明理

作为新零售的典型代表的盒马鲜生，在营销中心整合了线上线下的全渠道路径，通过线下门店低成本的本地化经营，利用会员制，把线下流量引至线上。这种做法深受消费者欢迎，提升了到店客流的转化率，带动了整个客流的高速增长。

盒马鲜生的这种商业模式实现了"线上＋线下＋物流"的构想，利用大数据、移动互联网、物联网等技术实现了"人、货、场"的最佳匹配。盒马鲜生不仅成为消费者心目中的"网红店"，还为传统零售企业的转型升级提供了样本。

谚语：
笃行致远
惟实励新

第一节　零售整合营销认知

一、零售整合营销的定义

整合营销（Integrated Marketing）是对各种营销工具和手段的系统化结合，根据环境进行即时性的动态修正，以使交换双方在交互中实现价值增值的营销理念与方法。整合就是把各个独立的营销工作综合成一个整体，以产生协同效应。企业应战略性地审视并整合营销体系、行业、产品及客户，从而制定出符合企业实际情况的整合营销策略。

零售整合营销是指通过零售企业与消费者的沟通，满足消费者需要，确定企业统一的营销策略，协调使用各种不同的营销手段，发挥不同营销工具的优势，从而使零售企业的营销目标得以实现的过程。

二、零售整合营销的特征

零售整合营销的特征如下：

（一）零售整合营销的过程始于消费者

零售整合营销的第一个重要特征就是要从现有或潜在的消费者需求出发，再反馈到品牌沟通者，以便他们选择营销活动恰当、有效的方法。在接触方法和沟通渠道的选择上，零售整合营销摒弃了"由内而外"（inside-out），即由零售企业到消费者的方式，而从消费者的真实需求出发，"由外而内"（outside-in）地提供能够满足消费者需求的信息，并促使他们购买。

（二）使用各种方式与消费者沟通

零售整合营销运用各种沟通方式将有关品牌或零售企业的接触来源作为潜在的信息传递渠道。"接触"在这里是指任何能够接触到目标客户并传递有关零售企业正面形象的信息传递方式。整合营销的关键在于它愿意运用能够触及目标客户的任何沟通途径，而不是先入为主地固守一种营销方式。零售整合营销的目的就是运用一切恰当的接触方法，迅速有效地同目标客户沟通。

（三）和消费者建立紧密关系

零售整合营销的第三个特征是要在零售企业和消费者之间建立一种关系。关系是零售企业和消费者之间的一种持久联系，意味着多次购买甚至建立忠诚。现在很多零售企业已经认识到，建立和保持与消费者的适当关系比不断寻找新的客户要更有利可图。

（四）各营销要素要协同发挥作用

零售整合营销强调一切营销要素都必须"用一个声音说话"。要想建立有力而统一的零售企业形象并促使消费者采取购买行动，各营销要素协同发挥作用是非常重要的。如果不能紧密协调所有的营销要素，就会事倍功半，甚至可能会使消费者得到相互矛盾的信息。

（五）最终影响消费行为

零售整合营销的目的是影响目标受众的行为。这意味着零售整合营销所做的不只是增强消费者对零售企业的认知或改善消费者对零售企业的态度。成功的零售整合营销要求营销行为必须鼓励消费者的某种行为。在消费者购买一种新品牌的商品之前，零售企业一般都需要使他们了解这个品牌及其能够带来的利益，并引导他们对这个品牌产生积极正面的态度。

乐研好思

农夫山泉的营销理念

每当提起农夫山泉，消费者脑海中首先闪现的是那句出色的广告语"农夫山泉有点甜，"这一广告主题鲜明、简洁、凝练，突出了农夫山泉水质的特点。农夫山泉根据产品不同的营销时期采取了不同的定价策略，在产品的引入期，采取高价高质策略，公司以"有点甜"为卖点，以高价化营销策略，成功推出农夫山泉，并通过标准化的包装及品牌运作，迅速奠定了农夫山泉在水市场上高档高质的形象。高质高价使众多消费者对其优秀品质深信不疑，成功地吸引了消费者的注意力，加快了市场渗透。现在产品已经进入成熟期。为了稳定消费市场，农夫山泉采取了低价高质的策略，降价使得市场占有率迅速上升，形成了低价高质的品牌差异化。

在信息传播方面，农夫山泉"我们不生产水，我们只是大自然的搬运工"的广告语，将天然无污染的水质、口感展现在消费者面前，让天然水、健康水的形象深入人心。与其他品牌自夸的营销方式不同的是，农夫山泉基本上每种产品推广，都采用了纪录片的模式，让消费者对农夫山泉"天然—健康"的营销理念有了更清晰、更立体的认知。

请同学们结合农夫山泉的案例想一想，零售整合营销传播的理念与传统营销有什么不同？

三、零售整合营销的路径

随着数字经济时代的到来和互联网技术的快速发展，零售企业必须要利用新媒体技术进行零售整合营销，从而推动企业的快速发展。

（一）关注消费者的需求

在数字经济时代，消费者在进行消费时，往往会提前了解信息，在购买之后还会进行信息反馈。零售企业需要关注消费者的需求，注重收集消费者反馈信息。在当今时代，消费者的需求是复杂多样的，具有个性化特征。零售企业主体在营销过程中，需要提供消费者所需要的信息，从而满足消费者的需求。另外，零售企业还需要根据消费者需求改变自身的整合营销理念，从而使营销方式适合消费者需求。

（二）注重品牌建设

随着数字技术的快速发展，零售企业可以通过新媒体平台增加和消费者之间的互动，这不仅有利于消费者更加全面地了解企业的信息，也有利于零售企业接受消费者的反馈。由于新媒体平台的公开透明性，消费者往往会选择一些有知名度的零售企业。因此，对于零售企业来说，需要加强品牌建设，树立良好的企业形象，不断提高产品的品质。首先，零售企业需要掌握信息的主导权，通过传播一些企业的正面信息，树立良好的企业形象，形成品牌效应。其次，零售企业要构建一个平等、公开、透明的网络交流平台，从而能够及时与消费者沟通，并且在收到消费者反馈之后，及时对自身的弊端加以改进。最后，零售企业要设置专门的网络营销人员，通过网络舆论监测，及时改善企业的不足之处，树立良好的企业形象。

微课：注重
品牌建设

（三）实现营销方式的整合升级

在数字经济时代，传统、单一的营销方式已经不再适应当前的社会发展了，零售企业需要将新媒体营销方式和传统营销方式整合统一，实现营销方式的组合升级。对于零售企业来说，需要将数字营销方式与传统营销方式整合升级，实现优势互补。零售企业要根据自身的宣传内容和特点，制定零售整合营销策略，从而提高零售企业的知名度，进而提高商品的销量。

四、零售整合营销的价值

零售整合营销的价值主要体现在以下几个方面：

（1）提升品牌影响力。通过零售整合营销，零售商可以更有效地推广品牌，提高品牌知名度和美誉度，从而吸引更多的潜在消费者。

（2）增加销售额。零售整合营销可以帮助零售商制定更有针对性的销售策略，提高销售转化率，进而增加销售额。

（3）降低渠道成本。通过零售整合营销，零售商可以减少对第三方渠道的依赖，降低渠道成本，提高利润率。

（4）提升消费者体验。零售整合营销关注消费者的需求和体验，通过提供优质商品和服务，提升消费者的满意度和忠诚度。

（5）加快市场响应速度。零售整合营销可以帮助零售商更快地响应市场变化，及时调整销售策略，抓住市场机遇。

（6）优化资源配置。通过零售整合营销，零售商可以更好地规划和管理资源，提高资源利用效率，实现可持续发展。

综上所述，零售整合营销可以帮助零售企业提高品牌影响力、销售额、消费者体验和市场响应速度，降低渠道成本，优化资源配置，从而实现零售企业的长期良性发展。

第二节　零售整合营销的流程与策略

一、零售整合营销的流程

零售整合营销采用多种营销方法，以消费者为中心，以获取、维护、发展或者转化消费者为整体目标，致力于创造更高价值。

（一）明确现有和潜在消费者

零售整合营销需要通过消费者行为数据（即消费者已经做过的事情，或者因为受到某种影响在未来可能采取的行动）来明确现有和潜在消费者。在零售整合营销流程的第一步，零售企业不仅需要根据消费者行为来明确目标受众，而且需要理解这些行为产生的原因。基于此，第一步需要收集不同类型的消费者信息，包括人口统计信息、地理区域信息、心理统计信息和其他相关数据。这里的重点是对这些数据进行整合和分析，从而更好地设计整合营销活动需要针对的消费者。

微课：零售
整合营销的
流程

（二）评估现有和潜在消费者的价值

由于以价值为导向的零售整合营销重点关注这些营销活动所产生的财务影响和效果，因此，该流程的第二步就是为现有和潜在消费者确定一个预估的财务价值，即明确他们为零售企业贡献的收入。这一步非常关键，零售企业可以以此来决定将其有限的资源分配给谁以及如何分配。

在这一步，零售企业既要清楚地了解消费者目前是如何使用其商品和服务的，还要考虑到未来的潜力，这都要以目前或未来贡献给零售企业的收入来体现。

（三）策划营销活动并付诸实施

零售整合营销的第三步要针对零售企业的目标受众来策划具有说服力的活动方案并加以实施。这一步的目标是设计出相关度高、感染力强的营销活动，并在现有和潜在消费者最容易接受这些信息的时间点上到达他们那里。

零售整合营销的策划和实施对于零售企业来说，是提高市场竞争力、扩大市场份额的关键，其具体步骤如下：

（1）明确目标。零售企业需要明确整合营销的目标，包括提高企业知名度，增加销售额，提高客户满意度等。

（2）市场调研。零售企业要通过市场调研了解市场需求、竞争对手情况、消费者行为等，为制定整合营销策略提供依据。

（3）制定策略。根据市场调研结果，制定整合营销策略。这包括商品策略、价格策略、渠道策略和促销策略。确保各个策略之间的协同作用，有助于实现整体目标。

（4）跨部门协作。零售整合营销涉及零售企业的多个部门，如销售、市场、商品、客户服务等。各部门需要紧密协作，确保整合营销策略的顺利实施。

（5）创意设计。在零售整合营销中，创意设计是吸引消费者关注的关键。零售企业需要投入资源进行广告创意、活动策划等方面的设计，以提高营销效果。

（6）营销传播。选择合适的营销传播渠道，如线上线下广告、社交媒体、公关活动等，将整合营销信息传递给目标消费者。

（四）数据分析和监控、评估

零售整合营销流程的最后一步又可以分为以下几个步骤：

（1）数据分析。通过收集和分析营销数据，评估零售整合营销策略的效果，以便及时调整和优化。

（2）持续优化。零售整合营销是一个持续的过程，零售企业需要不断优化策略，以适应市场变化和消费者需求。

（3）培训和激励。为了确保零售整合营销策略的有效实施，零售企业需要对员工进行相关培训，并建立激励机制，以提高员工的积极性和执行力。

（4）监控和评估。零售企业需要建立一套完善的监控和评估体系，以确保零售整合营销策划和实施的顺利进行。通过对各个环节的监控，可以及时发现问题并进行调整。

二、零售整合营销策略制定

（一）零售整合营销的商业思维

身处当下激烈复杂的商业形态中，零售企业决策层必须转变观念，在零售整合营销中具备以下四种思维：

1. 大数据思维

从整合营销角度来看，零售企业运用好大数据，以精准地定位现有消费者需求，同时可通过各种数据分析，梳理和探索当下业务在未来的需要。也就是说，大数据可以让产品和服务更匹配于个人，产品和服务也可以更好地覆盖到更多消费者，为零售企业发现和挖掘潜在消费者，创造持续不断的利润增长点。

2. 协同思维

从最初的门户时代到社群时代、从搜索时代到社交时代，从最初的人找信息，到现在的信息找人，零售企业所面对的营销渠道选择越来越多。无论哪一种渠道，都有自己的优势和局限性，单一的推广渠道显然无法满足日益变化的市场需求，因此，进行零售整合营销已是越来越多零售企业的推广共识。零售整合营销是将每一个独立的营销方式整合成一个整体，以实现协同效应。在新零售环境下，微博、微信、论坛、贴吧、直播、短视频等都是企业关注的营销渠道，零售整合营销过程也被赋予了更为生动灵活的意义。每一种营销渠道覆盖的目标人群、营销商品和场景皆不同，因此，零售企业要充分整合各营销渠道，让每个渠道密切关联并互相促进，相辅相成，充分发挥协同效应，实现 1+1>2 的效果，达到目标最大化、效果最优化。

3. 社交共享思维

在数字经济时代，人与人之间的沟通是互动传播、发散型的，社交网络成为信息传播的核心，拥有社交共享思维的企业，自然能赢得市场。拼多多的迅速崛起充分展示了极富社交属性的拼团模式的效果，证明了高黏性的病毒式传播在营销中的重要作用。

4. 跨界思维

跨界思维本质上是一种创新、发散、开放的思维。只有开放、兼容并蓄，零售企业才能壮大自己的力量，创造无限可能。跨界思维是数字经济时代从专业深化到融合发展的转变趋势。当双方都成为彼此的利益相关方，提供了新的价值时，原有模式就顺理成章地被颠覆。伴随着新技术、新业态的不断发展，产业的界限已变得模糊，传统零售企业通过跨界合作，被赋予年轻化的属性，能够让年轻一代消费者建立起对零售企业的认知，唤醒其情感共鸣。

（二）零售整合营销策略制定

零售企业决策层在具备新商业思维的基础上，在制定零售整合营销策略时，应从以下几个方面入手：

1. 挖掘数据价值，洞察用户痛点

大数据和云计算的加速发展，为零售企业开展个性化的精准营销提供了现实可能。零售企业的营销重点应从用户数据着手，读懂和挖掘消费者背后的海量数据，树立消费者需求导向，探究目标消费者的需求，提供个性化的产品和服务，制定有针对性的营销方案。当下，大多数零售企业都已经意识到收集消费者行为数据的重要性，但是由于各营销渠道的相对独立性，消费者数据并没有被有效整合起来，零售企业应建立更加高效的大数据后台，进行整合、分析和运用。零售企业从数据和信息分析中，描绘目标用户画像，深挖用户痛点，开发新产品，树立新形象，从而达到市场机遇与企业资源匹配的最佳效果。

社会担当与企业责任

新零售业务场景下的
个人信息保护

党的二十大报告指出："加强个人信息保护。"新零售模式在众多场景中均涉及大量用户个人.信息的收集、处理、加工、传输等环节，因此需要经营主体对个人信息保护合规问题予以重视经营主体应从以下四个方面注意保护消息者的个人信息。

第一，自有线上渠道。根据《App 违法违规收集使用个人信息行为认定方法》《信息安全技术移动互联网应用程序（App）收集个人信息基本要求》等相关规定和要求，经营主体自有 App、小程序及公众号均在首次运行或进入时，就可以通过弹框方式展示《隐私政策》，并依法取得用户同意（注意隐私政策必须能够点击查看且不能是默认同意选项）。

第二，第三方电商平台。在入驻电商平台经营的情形下，经营主体往往需要依托于平台本身的隐私政策条款进行用户信息处理，通常处理的流程是消费者先行同意电商平台的《隐私政策》并将其个人信息提供给平台，电商平台再根据业务需要将信息提供至实际经营主体用于发货等事宜。但是在该模式下，一般会认定实际经营主体一方为个人信息的共享者，获取的个人信息经营主体除用于发货等事项外，通常不允许进行直接用户营销，否则存在较大的法律风险。基于此，经营主体可以通过注册品牌或者店面会员的方式进行私域流量收集，即邀请电商平台消费者成为经营主体品牌或店面的会员，直接合法获取用户个人信息并通过自有《隐私政策》完善营销触达等内容。

第三，线下渠道。经营主体通过线下活动（包括抽奖、游戏等）等方式进行用户个人信息的收集是较为常见的方式，但结合新零售数字化的特点，经营主体可以开发或使用部分可用于线下信息收集的小程序或公众号，引导线下用户通过线上方式提供信息，一方面可以解决《隐私政策》等协议签署的问题，另一方面也方便未来数据的储存、加工及运用。

第四，个性化推荐。在该场景下，经营主体需要重点关注的合规要点为"非个性化推送选择"及"用户拒绝推送"的法律问题。对于此，《中华人民共和国个人信息保护法》第二十四条规定："个人信息处理者利用个人信息进行自动化决策，应当保证决策的透明度和结果公平、公正，不得对个人在交易价格等交易条件上实行不合理的差别待遇。通过自动化决策方式向个人进行信息推送、商业营销，应当同时提供不针对其个人特征的选项，或者向个人提供便捷的拒绝方式。通过自动化决策方式作出对个人权益有重大影响的决定，个人有权要求个人信息处理者予以说明，并有权拒绝个人信息处理者仅通过自动化决策的方式作出决定。"

新零售行业正处于快速发展的阶段，它带给零售企业无限商机与可能性的同时，也伴随着全新的法律风险。在全面数字化时代，数据合规问题已然是各个行业无法逃避的现实，只有重视数据法律风险并及早防控，才能够在未来数字经济浪潮中赢得长远而稳健的发展机遇。

2. 创新核心内容，触发用户情感

内容创意是零售整合营销的内核，内容为王也成为零售企业营销策划与推广人员的共识。内容已成为零售企业竞争新的制高点。身处被海量资讯围绕的数字经济时代，消费者的注意力已成为稀缺资源，因此高质量的营销活动和内容是捕获消费者注意力的基础，是零售企业信息在令人眼花缭乱的信息海洋中被用户识别和关注的关键。零售企业通过富有趣味性和娱乐性的推广内容吸引目标用户的注意，让目标用户参与到营销过程中，在与产品的互动中获得个性化体验及精神上的满足，从而更好地了解产品，信赖零售企业。

3. 整合营销渠道，实现多维互动

随着数字经济时代的来临，对于零售企业来说，除了传统的报刊、电视、户外广告等付费媒体外，微信、微博、直播等自有媒体和能够快速获取巨大流量的赢得媒体成为零售企业极有价值的资源。要合理运用好这些营销渠道，达到"以最低的成本、获得最优推广"的整合营销的目的。零售企业要精心运营自有媒体，与潜在消费者持续进行互动，保持在各大社交媒体平台的活跃度；同时，要精准投放付费媒体，制造传播话题，在整合营销关键节点上推动更多的消费者参与，点燃消费者的互动热情，主动争取赢得媒体。

4. 跨界营销合作，携手共赢发展

在营销渠道多元化的营销环境下，单一的平台、媒体、品牌声量传播都已无法实现企业利润最大化的营销目标。跨界营销作为整合营销的新形态，将与面向不同消费群体，传播不同品牌理念，诠释不同品牌文化的产品携手合作，整合串联起二者之间的共性与联系，巧妙进行渗透融合。不同领域的企业之间相互映衬和碰撞，实现了消

费者对企业从平面到立体、从单一到立体层面的认知转变，使跨界合作的整体形象和联想更具张力，拓展更大的营销空间。

数实融合新视界

老字号品牌跨界
创新探索

2023 年 8 月 16 日，大白兔携手冠生园正式发布了"月无界"跨界流心月饼礼盒。

2023 年是兔年，与兔文化、兔属性强相关，而中秋佳节又少不了玉兔的参与。基于此，大白兔在中秋节以"快乐共此时"为主题，邀请消费者共品大白兔月饼。此次月饼礼盒是大白兔在品类跨界方面的一次创新尝试，将人们记忆中的奶香味道延伸到烘焙品类，拓宽了 IP 应用面，这也是老字号品牌走近年轻消费者的创新探索，在传承与创新中找寻平衡发展之路。

品牌跨界并非简单的复制、组合和嫁接，而是彼此找到共同的品牌价值语言、共性和包容力，只有这样，品牌间的跨界才能拥有合作的可能性。不同领域之间的跨界可以采用以下三种策略：

第一，品牌嫁接策略。将一种具有企业文化特色的品牌元素嫁接到另一种产品中并形成新的品牌，有效地减少了企业的资源浪费，既加强了原品牌的知名度，又开拓了企业的新项目，形成互惠互利的局面。比如，很多电影、动漫等影视领域的行业会选择和生产商家合作，对动漫影视人物进行手办、服饰的发行。不过，品牌嫁接也存在着一定的风险。品牌之间的紧密联系，导致一方发现问题就会出现连带责任，出现"一荣俱荣，一损俱损"的现象。

第二，品牌联合策略。由于市场竞争的激烈性，企业在发展时需要积极寻求合作对象，一方面寻求同行业的合作联系，充分发挥市场的聚集效应；另一方面，将合作的眼光转向其他行业，打破同行业市场合作饱和孤立的局面，开展新的合作模式，实现企业资源的共享。

第三，品牌创新策略。即通过保留原有的品牌和产品，创新出新的品牌策略，通过企业品牌间的联合，开发新产品。但在这一过程中，也会出现新产品知名度低、消费群体少的问题，这需要企业双方发挥资源优势，推广和宣传新产品。

调查研究与善作善成

调研背景

随着中国经济的快速发展和消费者需求的不断多元化，零售行业面临着前所未有的挑战和机遇。为了在激烈的市场竞争中获得优势，需要对零售市场进行深入调研和分析，准确定位目标客户群体和产品定位策略。

本次任务旨在通过对目标市场客户群体、消费习惯、购买行为等方面的调研，明确零售企业在该市场的定位，并为整合营销策略制定提供科学依据。

调研步骤

（1）每个小组4～6人。小组讨论选择某自创产品或者已有产品均可，产品包括服务。根据目标客户调研和分析方法完成目标客户的调研和分析，得出目标人群的共同需求，并进行营销定位。

（2）用户调研。紧紧围绕产品及其目标客户进行直接调研和间接调研。根据调研情况分析得出包括基本属性、行为习惯、兴趣偏好等内容，根据调研分析的内容描述用户画像。

（3）产品与竞品调研。通过调研进行产品定位，提炼产品1～3个卖点；并确定竞争对手是谁，他们在营销上的突出卖点是什么，他们进行营销的手段方式是什么？由此确定己方的差异化营销策略。

调研要求

根据所学知识，对你们团队的产品进行整合营销方案策划，提交策划文档。

学习检测

一、单项选择题

1. (　　) 是一种对各种营销工具和手段的系统化结合，根据环境进行即时性的动态修正，以使交换双方在交互中实现价值增值的营销理念与方法。

    A. 市场营销　　　　　B. 网络营销　　　　C. 整合营销　　　　D. 新媒体营销

2. 零售整合营销过程始于 (　　)。

    A. 消费者　　　　　　B. 生产者　　　　　C. 物流商　　　　　D. 零售商

3. 充分整合各营销渠道，让每个渠道密切关联并互相促进，相辅相成，实现 1+1>2 的效果，是采用了 (　　)。

    A. 社交共享思维　　　B. 协同思维　　　　C. 跨界思维　　　　D. 大数据思维

4. (　　) 是零售整合营销的内核。

    A. 产品质量　　　　　B. 内容创意　　　　C. 目标市场　　　　D. 客户服务

5. 零售整合营销的目的是 (　　)。

    A. 影响目标受众的行为　　　　　　　　B. 与消费者沟通

    C. 和消费者建立关系　　　　　　　　　D. 传播要素协同

二、多项选择题

1. 企业应战略性地审视并整合 (　　)，从而制定出符合企业实际情况的整合营销策略。

    A. 营销体系　　　　　B. 行业　　　　　　C. 产品　　　　　　D. 客户

2. 零售整合营销方法有 (　　)。

    A. 确定目标市场　　　　　　　　　　　B. 关注消费者的需求

    C. 注重品牌建设　　　　　　　　　　　D. 实现整合升级

3. 新媒体整合营销传播的商业思维包括 (　　)。

    A. 大数据思维　　　　B. 协同思维　　　　C. 社交共享思维　　D. 跨界思维

4. 零售整合营销价值是 (　　)。

    A. 提升品牌影响力，增加销售额

    B. 降低渠道成本

    C. 提升消费者体验

    D. 加快市场响应速度，优化资源配置

5. 零售整合营销的流程包括（　　　）。

    A. 明确现有和潜在消费者

    B. 评估现有和潜在消费者的价值

    C. 策划营销活动并付诸实施

    D. 数据分析和监控、评估

三、判断题

1. 整合就是把各个独立的营销综合成一个整体，以产生协同效应。　　　　　　（　　　）

2. 建立和保持与消费者的适当关系比不断寻找新客户更有利可图。　　　　　　（　　　）

3. 跨界思维本质上是一种创新、发散开放的思维。　　　　　　　　　　　　　（　　　）

4. 新媒体平台或者销售渠道的消费者数据被有效整合起来，企业可以建立更加
高效的大数据后台，进行整合、分析和运用。　　　　　　　　　　　　　　（　　　）

5. 零售整合营销采用多种营销方法，以消费者为中心，以获取、维护、发展或者
转化消费者为整体目标。　　　　　　　　　　　　　　　　　　　　　　　（　　　）

参考文献

[1] 利维,巴顿 A.韦茨,格雷瓦尔.零售管理 [M]. 9 版.刘亚平,译.北京：机械工业出版社,2021.

[2] 巴里·伯曼,乔尔·埃文斯,帕特拉莉·查特吉.零售管理 [M]. 13 版.金钰,译.北京：中国人民大学出版社，2021.

[3] 赫布·索伦森.新零售的用户思维 [M].何瑞青,译.杭州：浙江教育出版社，2020.

[4] 刘洋,杨波.新零售管理实务 [M].上海：复旦大学出版社，2020.

[5] 施玉梅.零售管理 [M].北京：科学出版社，2020.

[6] 陈海权.新零售学 [M].北京：人民邮电出版社，2022.

[7] 李忠美.新零售运营管理 [M].北京：人民邮电出版社，2022.

[8] 董永春.新零售线上＋线下＋物流 [M].北京：清华大学出版社，2018.

[9] 张玉英,毛爱武.财务管理 [M]. 7 版.北京：高等教育出版社，2023.

[10] 王桂花.供应链管理实务 [M].北京：高等教育出版社，2022.

吴洪贵，教授，全国电子商务职业教育教学指导委员会副秘书长，首批国家级职业教育电子商务专业教师教学创新团队带头人，原国家"双高计划"中国特色高水平电子商务专业群负责人，职业教育国家在线精品课程"商务数据分析与应用"主持人，原国家职业教育移动商务专业教学资源库和"一带一路"贸易文化传承与创新教学资源库执行主持人，江苏省优秀科技创新团队负责人，江苏省流通现代化传感网工程技术研究开发中心负责人，主编"十四五"职业教育国家规划教材5部。

罗晓东，中共党员，江苏经贸职业技术学院数字商务学院教授。电子商务师（一级）、国家职业技能鉴定计算机程序设计员注册高级考评员、人力资源和社会保障部创业培训项目SIYB讲师；江苏省计算机学会职业教育工作委员会秘书长。职业教育国家在线精品课程负责人、江苏高校"青蓝工程"移动商务专业优秀教学团队负责人。主持国家级子课题1项、市厅级以上课题5项；主编校企合作教材3本。省级以上期刊和核心期刊上发表学术论文10余篇。获得国家级教学成果奖二等奖1项，省级一等奖1项。专业特长为移动商务、电子商务专业教学研究。

郑重声明

高等教育出版社依法对本书享有专有出版权。任何未经许可的复制、销售行为均违反《中华人民共和国著作权法》，其行为人将承担相应的民事责任和行政责任；构成犯罪的，将被依法追究刑事责任。为了维护市场秩序，保护读者的合法权益，避免读者误用盗版书造成不良后果，我社将配合行政执法部门和司法机关对违法犯罪的单位和个人进行严厉打击。社会各界人士如发现上述侵权行为，希望及时举报，我社将奖励举报有功人员。

反盗版举报电话 （010）58581999 58582371

反盗版举报邮箱 dd@hep.com.cn

通信地址 北京市西城区德外大街4号 高等教育出版社知识产权与法律事务部

邮政编码 100120

读者意见反馈

为收集对教材的意见建议，进一步完善教材编写并做好服务工作，读者可将对本教材的意见建议通过如下渠道反馈至我社。

反馈邮箱 gjdzfwb@pub.hep.cn

通信地址 北京市朝阳区惠新东街4号富盛大厦1座 高等教育出版社总编辑办公室

邮政编码 100029

防伪查询说明

用户购书后刮开封底防伪涂层，使用手机微信等软件扫描二维码，会跳转至防伪查询网页，获得所购图书详细信息。

防伪客服电话 （010）58582300

网络增值服务使用说明

授课教师如需获取本书配套教辅资源，请登录"高等教育出版社产品信息检索系统"（xuanshu.hep.com.cn），搜索本书并下载资源。首次使用本系统的用户，请先注册并进行教师资格认证。

高教社高职电子商务专业教师交流及资源服务 QQ 群：218668588